穿越历史
EXPLORE HISTORY
去环游

[英] 乔恩·怀特 编著
彭子 译

中国画报出版社·北京

图书在版编目（CIP）数据

穿越历史去环游 /（英）乔恩·怀特编著；彭子译. -- 北京：中国画报出版社, 2024.3
（萤火虫书系）
书名原文: All About History: Explore History
ISBN 978-7-5146-1870-9

Ⅰ.①穿… Ⅱ.①乔…②彭… Ⅲ.①名胜古迹—介绍—世界 Ⅳ.①K917

中国国家版本馆CIP数据核字(2023)第250152号

Articles in this issue are translated or reproduced from Explore History First Edition and are the copyright of or licensed to Future Publishing Limited, a Future plc group company, UK 2022.

FUTURE

北京市版权局著作权合同登记号：01-2023-5577

穿越历史去环游

[英]乔恩·怀特　编著　彭子　译

出 版 人：方允仲
责任编辑：李　媛
内文排版：赵艳超
责任印制：焦　洋

出版发行：中国画报出版社
地　　址：中国北京市海淀区车公庄西路33号　邮　编：100048
发 行 部：010-88417418　010-68414683（传真）
总编室兼传真：010-88417359　版权部：010-88417359

开　　本：16开（787mm×1092mm）
印　　张：12.5
字　　数：220千字
版　　次：2024年3月第1版　2024年3月第1次印刷
印　　刷：北京汇瑞嘉合文化发展有限公司
书　　号：978-7-5146-1870-9
定　　价：72.00元

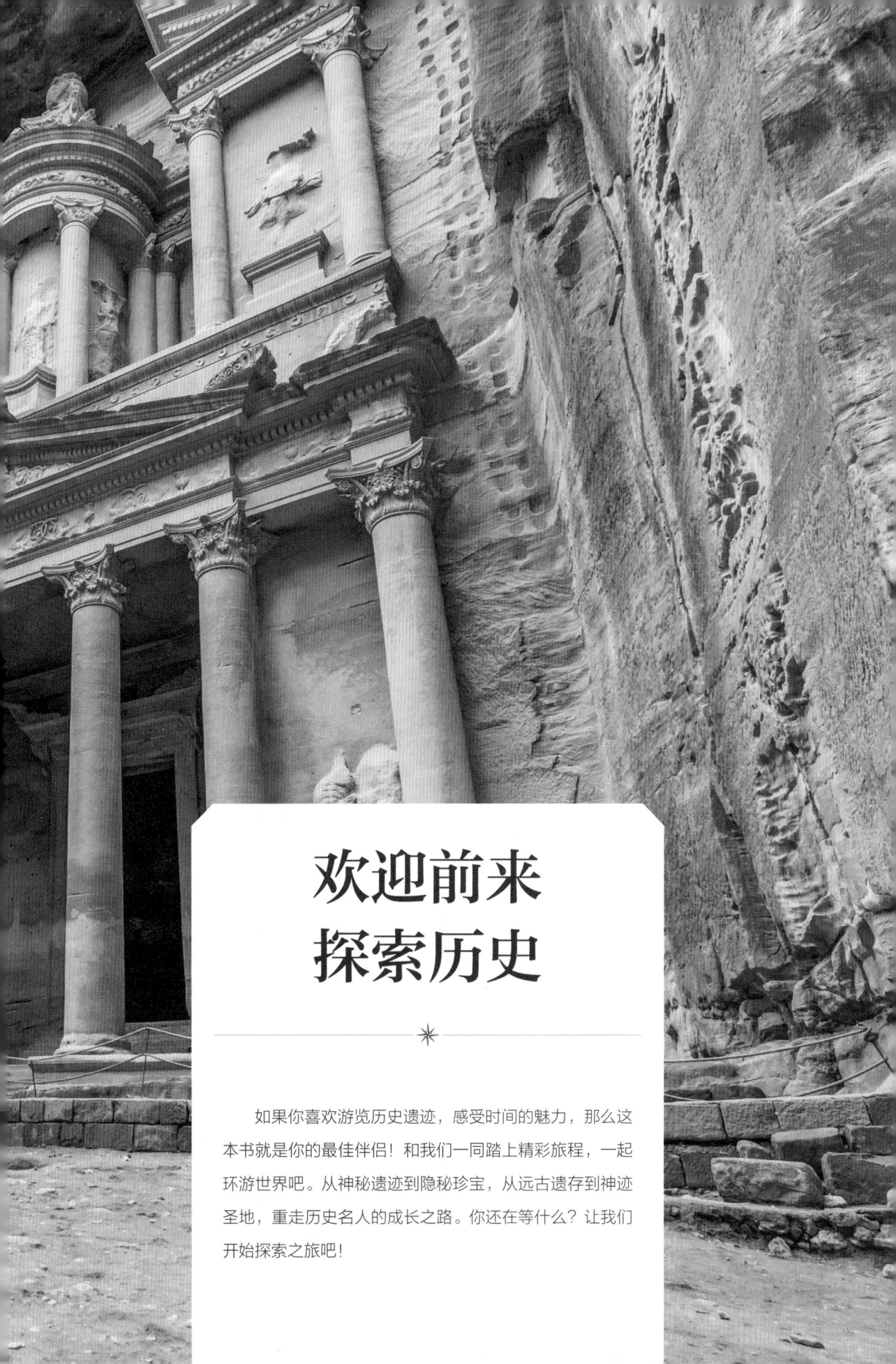

欢迎前来
探索历史

✦

如果你喜欢游览历史遗迹，感受时间的魅力，那么这本书就是你的最佳伴侣！和我们一同踏上精彩旅程，一起环游世界吧。从神秘遗迹到隐秘珍宝，从远古遗存到神迹圣地，重走历史名人的成长之路。你还在等什么？让我们开始探索之旅吧！

目录

遗址奇观

- 008　巨石阵的秘密
- 022　失落的吉萨法老
- 033　佩特拉古城
- 041　兵马俑的真相
- 053　冰岛维京传奇
- 065　圣米歇尔山
- 079　解码马丘比丘
- 095　亨利八世的汉普顿宫
- 107　遇见泰姬陵神迹
- 116　埃利斯岛

追随名人的脚步

- 130　伊丽莎白一世
- 142　莫扎特
- 154　罗伯特·路易斯·史蒂文森
- 164　欧内斯特·米勒·海明威

守护英雄

178 奥克塔维亚·希尔
　　　古迹信托的诞生

180 奥古斯特·马里埃特
　　　埃及考古之父

182 法比安·韦尔
　　　忠魂守护者

184 海蒂·高盛
　　　女性考古先驱

186 昂诺·佛罗斯特
　　　水下考古先驱

奇妙之地

190 默恩塞尔海洋堡垒

191 基济岛

192 奥克尼意大利礼拜堂

193 萨乌圣罗马教堂

194 人骨教堂

195 达尔加夫斯神秘村庄

196 奇妙谷仓

197 莱特利普酋长纪念碑

遗址奇观

- 008　巨石阵的秘密
- 022　失落的吉萨法老
- 033　佩特拉古城
- 041　兵马俑的真相
- 053　冰岛维京传奇
- 065　圣米歇尔山
- 079　解码马丘比丘
- 095　亨利八世的汉普顿宫
- 107　遇见泰姬陵神迹
- 116　埃利斯岛

巨石阵的秘密

巨石、祭司与死亡：欧洲最著名的史前遗迹背后的众说纷纭

作者：斯科特·里弗斯 & 马克·多兰

这些巨石在大部分时间里都只是静静地矗立着，远离公众视线。但每年夏至和冬至这两天，巨石阵就会"复苏"。夏至清晨，太阳跃上巨石阵中最显眼的鞋跟石（Heel Stone），第一缕阳光洒在这些灰色巨型岩石上。冬至傍晚，太阳沿着笔直的三石塔缝隙消失在岩石之间，一天也就这样结束了。

狂热爱好者们齐聚一堂，欣赏阳光与石头这令人叹为观止的完美结合。今天，对于这些人而言，巨石阵是他们崇拜的圣地，而夏至与冬至则是神圣的宗教节日。

但是这些节日能否解释这座巨石阵为何而造呢？

尽管有些人认为这些节日是远古祭祀的直接延续，但像迈克·帕克·皮尔逊（Mike Parker Pearson）这样的考古学家在发掘这片遗迹后认为："每年会有巫师或者萨满来到这里举行仪式这个想法不成立了。"

帕克·皮尔逊认为，巨石阵为举行仪式而建这件事并非其神秘之处，真正的秘密在于建造过程本身："人们可能会建一座希腊神庙来举行宗教仪式，但建造巨石阵的目的并不在此。它看起来更像是单纯的建筑艺术，建完就该走了。"

几个世纪以来，巨石阵不断激发人们的好奇心。有人认为巫师梅林（Merlin）建造了它，也有人认为它是一处独特的墓地。想象无处不在，无奇不有。

上千人聚集在巨石阵见证夏至和冬至

冬日暖阳穿过巨石阵

从软糖到汽车，巨石阵的形象以不同形式在全世界售卖、捐赠、复刻，它也将继续迷倒众生。

现在，摆在我们面前的依然有许多问题。是谁建造了巨石阵？为什么建造它？建造者是如何预测星轨并以此敬献祖先的？修建巨石阵是否另有所用？

巨石阵仿佛一个智力游戏，无数个世纪里，考古学家们试图找寻答案。约公元前3000年，人们用粉笔在地上画出一个圈，在泥土上挖出一道环形沟，用回填土沿沟筑岸并在东北方向建了一座石拱门。巨石阵名字中的"henge"一词指的是一种史前遗迹，是环形沟围绕土岸形成的圆形土方工程。

因其环形沟在外面，土岸在里面，所以神秘的巨石阵不是严格意义上的圆形土方工程。

早期巨石阵是一个环形沟在外、土岸在内的圆形土堤，后期逐渐围绕成守护形态，神秘且独特。

人们在环形沟下发现了鹿骨和牛骨，以及一些原始燧石工具。这些动物遗骸不像是巨石阵建造期间人类食用后的遗留物，因为经测定，它们的年代比用来挖环形沟的鹿角还久远，所以它

现代实验显示，将最大的巨石放上撬杠需要500个人力，而铺设滚木则需要600个人力。

揭秘巨石阵

无数推测试图解释巨石阵及其起源

纪念巫师梅林的战争

我们已知的第一个关于巨石阵的推测来自12世纪英国编年史家、传教士蒙茅斯的杰弗里（Geoffrey of Monmouth）笔下的《不列颠王史》（Historia Regum Britanniae），书中称巨石阵的建造是为了纪念在盎格鲁-威尔士战争中阵亡的3000名将士。公元5世纪，奉奥略留斯·安布罗斯国王（King Aurelius Ambrosius）之命，巫师梅林用神力将巨石从爱尔兰移到威尔特郡。

摇滚音乐

皇家艺术学院（Royal College of Art）研究人员认为蓝砂岩石有令人惊异的声学特性，敲击岩石会发出响亮回声。或许摇滚乐器（又称自鸣乐器）就蕴含着这一声学特性。他们还认为这些蓝砂岩石来自临近威尔士的曼克洛乔格（Maenclochog）小镇，"Maenclochog"的意思是"响石"。

古罗马神庙

17世纪英国建筑师伊尼哥·琼斯（Inigo Jones）试图在稿纸上重建巨石阵。他笔下的常规几何图样告诉他，巨石阵是一座古罗马神庙。他逝世后，他的著作《大不列颠最著名的古迹》（The Most Notable Antiquity of Great Britain）于1665年出版，他在书中写到巨石阵是献给凯卢斯（Caelus）的托斯卡纳式古罗马神庙，凯卢斯是古罗马的"希腊苍穹之神乌拉诺斯（Uranus）"。

新石器时代的卢尔德[1]

英国考古学家蒂莫西·达维尔（Timothy Darvill）与杰弗里·温莱特（Geoff Wainwright）认为巨石阵是一处疗愈中心。他们认为是神力将蓝砂岩从古威尔士移到这里，岩石中蕴含的神秘天然泉水具有治病"奇效"。生病或受伤的先民不远万里来到这里，希望"神石"能助他们康复，这一推测也可以解释在巨石阵一带发现的数量惊人的骨骸。

---

1 法国南部城市，据称这里的泉水能治愈疾病。

▲ 一幅描绘德鲁伊教祭司的图画，人们曾将其视为巨石阵的建造者

们会是宗教祭品吗？环形沟内缘有56个圆形坑，每个直径约1米，这些圆形坑以英国作家、考古学家约翰·奥布里（John Aubrey）的名字命名，称为"奥布里坑"，17世纪初，这位考古学家率先发现了这些圆形坑。

这些坑挖好后的100年里，坑内可能埋入了木桩；几处埋入木桩的遗迹已被发现。同一时期，奥布里坑有了第二个用途：墓地。1920年在奥布里坑中发现了50000多块人体残骸，来自63具火化后的人类遗体，但考古价值不高。

1935年这些残骸被一齐放入一个奥布里坑中重新埋葬。2013年，这些残骸重见天日；现代科学家与人类骨骼学家断定这些残骸中男女比例相当，甚至还有孩童。环形沟周围与内缘处陆陆续续发现了更多火葬遗迹，这表明至少在那个时期，巨石阵是一处墓地。

早期巨石阵建成大约500年后，巨石阵修建进入第三阶段，从那时起，这处遗址开始成为今天我们熟悉的样子。木桩换成了80个蓝砂岩石柱，这些蓝砂岩石柱排列成两个马蹄形结构。

▲ 绘于1758年,画面展现的是德鲁伊教祭司,或者是不列颠人接受基督教受洗仪式时的场景

▲ 《英国人》(*Briton*)一书中巨石阵内页图像

同时,东北方向的石拱门加宽,夏至日出时的阳光正好由此洒进来。

这个建筑工程的规模不容小觑。研究表明蓝砂岩石来自241千米之外彭布罗克郡(Pembrokeshire)普利赛力山脉(Preseli Hills)一处名叫克雷格·罗斯·伊费林(Craig Rhos-y-felin)的采石场。每块岩石都高两米、重两吨。那时的人们可能用滚木和撬杠来运送这些巨石,但一些考古学家倾向于这些巨石是通过水路运输的。

尽管改建需要耗费大量精力,但巨石阵一直在变。一个世纪以来,人们不断将蓝砂岩石从采石场掘出,这些巨大岩石组成巨石阵的标志性建筑。榫眼和榫头、嵌接和沟槽这样的现代技术通常都与木工有关,而在巨石阵,这些技术能让岩石作为横梁安稳垒在马蹄形排列的巨石柱上。对于这个岩石圈,人们有诸多看法。石柱上宽下窄,从地面往上看风景依旧,而横梁石只要稍稍偏转角度就能围成马蹄形。这个巨石围成的马蹄形,内缘看起来比外缘光滑平整。

岩石圈内侧矗立着的5个三石塔(三石塔由两个矗立的巨石与一个横梁石构成)同样围成马蹄形,并在东北角留出空地。用作三石塔的石头比围成岩石圈的还大,每块都高达6米。

尽管许多岩石产自本地,但修建三石塔的石头可能来自巨石阵以北40千米之外的采石场,又或者建造者们是在附近的岩层中采集而来的。修建三石塔的岩石每块重达25吨,作为横梁的石头则每块重达50吨。现代实验显示将最大的巨石放上撬杠需要500个人力，而铺设滚木则需要600个人力。

考虑到这些石头的规格，能将它们精准放到每一个点位令人难以置信。巨石阵所在的索尔兹伯里平原有些许坡度，但横梁石完美地与地面平行。要将它们放到点位上，需要先将土堆成一个斜坡，再利用斜坡将横梁石拉到它们的位置上。

对巨石阵入口铺设的人行道进行年代测定很难，人们猜测其可能修建于同一时期，人行道与环形沟和土堤平行，朝东北方向延伸，路的尽头可以俯瞰埃文河（River Avon）。测定鞋跟石的年代也很困难，鞋跟石矗立于巨石阵入口外，最初可能有一对。无论这些石头的具体年代有多远，环形沟、鞋跟石与人行道的组合表明那一时期夏至日与冬至日开始受到重视。

公元前2500年，巨石阵是一处同我们今日所见一样的纪念碑，但建造尚未完工，三石塔的建造仍在进行。接下来的几个世纪，蓝砂岩石不止一次改变位置，最终在岩石圈与三石塔之间形成一个同心圆，在三石塔内围成了马蹄形圈。4个标志石（Station Stone）矗立在环形沟边缘，其中两个标志石四周环绕着小土沟。收尾工程之一是挖两个同心坑——Y坑和Z坑，它们的年代测定可追溯到公元前1800年与公元前1500年。人们可能计划着改建一些石头，却再未完工。

了解了这段复杂的历史，就不难理解考古学家与历史学家为何沉迷于巨石阵的自然奇观与建造原因。第一位研究巨石阵的考古学家是约翰·奥布里，"奥布里坑"即以他的名字命名。1640年他声称巨石阵是由德鲁伊教祭司建造的。100年后的1740年，英国考古学家威

▲ 拍摄于1920年的巨石阵模拟建筑图

谁建造了巨石阵？

巨石阵是一个大型工程，是谁接受了这个浩大的任务？

公元前 4000 年左右，英国开始有了农业发展迹象。人类从狩猎社会步入农业社会是一个重大转变。

新石器时代的先民们选择最易耕种的地方生活，这就包括西南地区容易排水的白垩山（chalk hill）。他们生活在安稳的聚落中，土壤洁净，平日种植小麦大麦、驯养牲畜。土壤反复耕种，肥力下降，无法继续种粮食，所以每隔一段时间，聚落会迁移到别地生活，几代人之后，他们又会搬回祖先生活过的地方。到那时，土壤已经再生，可以继续耕种了。虽然人口不多，但这些聚落已有完成大型工程所需的团队力量，史前遗迹与巨石阵就是例子。

新石器时代先民用燧石、鹿角与骨头做工具，他们也懂得如何做陶罐。他们没有文字，所以我们不知道该如何称呼他们。现代发现的凹槽古陶（the Grooved Ware）是巨石阵早期迭代产物。之后蓝砂岩与砂砾岩建筑开始出现，大部分人用钟杯文化（Beaker culture）指代这一时期的文明。在巨石阵周围发现了一位名叫"阿姆斯伯利弓箭手"（Amesbury Archer）的男子遗骸，他被葬于公元前 2300 年，他的长眠之地是最著名的钟形杯墓葬。

对"阿姆斯伯利弓箭手"的骨骼进行 DNA 分析后显示，他成长于阿尔卑斯山脉，生前进行过长途旅行。

▲ 建造巨石阵的先民躬耕于农，聚族而居

▲ 在现代生活与释义巨石阵名称方面，太阳均用处巨大

廉·斯图克利（William Stukeley）继承奥布里关于巨石阵是德鲁伊教纪念碑的观点，并首次试图测定其年代。他与英国天文学家爱德蒙·哈雷（Edmond Halley）合作，利用数据测出巨石磁场与地球北极磁场一致，斯图克利认为巨石阵完工于公元前460年，比人们的普遍认识早大约2000年。同年，斯图克利表示他之前给出的年代数据有误，建筑学家约翰·伍德（John Wood）发表了一篇关于巨石阵的报告。

考古结果表明巨石阵是一处德鲁伊教祭祀场所，这一结论也得益于两块石头的译名。第一块名叫"牺牲石"（Slaughter Stone），它位于岩石圈与鞋跟石之间。这个译名与石头表面残留的水迹颜色表明这里曾是祭祀场所。事实上，是海藻与石头内部的铁导致石头变色。位于马蹄形三石塔中心的"祭坛石"（Altar Stone）似乎词不达意。17世纪英国建筑师伊尼哥·琼斯认为："不管它是不是祭坛，一切都让大家来评判吧。"琼斯不知道的是祭坛石一开始是一块直立的石头。

目前考古与放射性同位素研究表明，巨石阵是一处新石器晚期纪念碑，其建造年代比考古学家认为的还早几千年。这一时期，人类从狩猎社会步入农业社会，种植作物从根本上改变了地形地貌。奥布里、斯图克利与伍德认为德鲁伊教祭司建造了巨石阵，但德鲁伊教存在的时间是铁器时代，比巨石阵建造时间晚约2000年。

尽管考古学家可能在德鲁伊祭司的影响上有些夸大其词，但有些事他们是对的。威廉·斯图克利研究巨石阵时发现了其星象排布：通过环形

▲ 图中所示为5个三石塔之一，它位于主岩石圈内

沟与土堤的古道，鞋跟石与马蹄形三石塔与夏至日出时的太阳在一条线上。

如果建造巨石阵的先民们开始参与农业事务，那他们对天空感兴趣倒也不足为奇。如果巨石阵能帮助先民判定夏至日与冬至日，他们同样也能据此规划一年中的其他事务：季节的轮转、耕种最好的时令，以及祭祀的时间。或许巨石阵的星象排布使它成为农耕时期一个巨大的日历和闹钟。

之后的历史学家继续关注巨石阵的星象排布，1963年美国天文学家杰拉德·霍金斯（Gerald Hawkins）发表的《解密巨石阵》（Stonehenge Decoded）引发争议。霍金斯记录下165个巨石阵标点，将它们与星象图重合，还原公元前1500年的原貌，并用计算机进行分析。霍金斯揭示了若干条巨石阵与太阳、月亮重合的轨迹，他认为将标点从一个坑移到另一个坑，点位转移后，奥布里坑中的轨迹能与星空轨迹重合，这样就可以预测月食。霍金斯的理论并未被广泛认同，一种观点认为一些奥布里坑可能是自然形成的，那么，霍金斯的轨迹计算就有误差，但认为巨石阵具有某种天文学意义的观点仍旧影响着研究人员。日前，英国著名史前考古学家迈克·帕克·皮尔逊认为巨石阵是一个举行宗教仪式的大平台，夏至日与冬至日在某种程度上引导了巨石阵的建造。

2013年帕克·皮尔逊发表相关研究成果后，接受了《国家地理》(National Geographic)的采访，他表示："我与拉米利索尼纳（Ramilisonina，马达加斯加考古学家）共事，他来自一个拥有巨石文化的国度。他对我说巨石阵肯定是为祭祀祖先而建的。在马达加斯加，人们为祖先建造巨石，因为它是能与祖先对话的永恒媒介。他们住在木屋里，木头就像人生一样终会消散。我想起我们也有一个像巨石阵那样的木头阵。这完全出乎我的意料。"

帕克·皮尔逊参与了杜灵顿垣墙（Durrington Walls）的发掘工作，杜灵顿垣墙位于巨石阵东北3千米外，是另一个史前纪念碑，他将这里视为与巨石阵同时期建造的遗迹，填补了巨石阵的一些研究空白。杜灵顿垣墙的环形沟在土堤内部，围成的区域更大，直径为500米，它的面积约是巨石阵的5倍，是英国最大的史前遗迹。这个巨大垣墙内部坐落着一个村庄，木桩围成的垣墙包围着内部的小岩石圈，村落就坐落在小岩石圈内，目前已经在其中发掘出几处房屋，但研究人员认为还有超过1000座房屋尚待发掘。至少有一部分木桩圈的建造时间约为公元前2600年，也是这一年，先民们建造了巨石阵的第一个岩石圈。令人惊叹的是，木桩圈的入口处指向西南方，与冬至日的日出以及巨石阵交会，就像巨石阵面朝东北，望向夏至日的日出并与杜灵顿垣墙交会一样。垣墙内的祭祀台、环形沟与人行道为先民指引方向。垣墙也有天文学含义，它的人行道与夏至日的落日重合，最终人行道指向埃文河。

帕克·皮尔逊解释称："在杜灵顿垣墙内的巨大村落中心，我们发现了两个完美的木桩圈，就像木制的巨石阵。在我们发掘的地方，会看到密密麻麻的房子。居住在这里的先民会举行超大型宴会。大约4000～5000人在此居住并参与建造巨石阵。杜灵顿垣墙内的村落生活也随季节轮转。通过对猪牙齿进行年代测定分析，可以看出这个村落经常屠宰牲畜。猪在春季产崽，到了冬季就变成先民的盘中餐。"

帕克·皮尔逊将巨石阵与杜灵顿垣墙视为同类型祭坛，两者的人行道都与埃文河相连。他认为杜灵顿垣墙是生者的世界，围着一圈木头，这些木头来自生生不息的大树。与之相反，巨石阵是先祖的祭地，石头冰冷、了无生机。或许通过巨石阵，沿着人行道走向埃文河的路是一个朝圣仪式，这个仪式只在祭典或者为先祖庆贺时举行。杜灵顿垣墙内的动物在冬季被宰杀，或许因为冬季是祭祀巨石阵与先祖的日子。现在，人们在夏至日这一天齐聚在巨石阵，一同观赏奇景，而对于约5000年前的先民来说，冬至日可能是

> 杜灵顿垣墙充满生机，它由一圈木桩围成。巨石阵是祭祀之地，冰冷且了无生机。

新石器时代房屋内景

对杜灵顿垣墙的发掘显示那周围曾建有数座房屋,那是一个拥有 4000 名居民的村庄,这些村民参与建造了巨石阵。

墙
房屋的墙是用数百个榛树枝编织而成的,用木桩支撑起来,墙的外立面用滑石粉混合水与甘草涂抹覆盖。

火炉
仅有一间屋的大开间出奇的敞亮且通风。白垩墙能反射阳光,还能让火炉里的火聚热。火再大也不会有烟,因为烟会通过茅草屋顶散出去。

垃圾坑
只要有人住的地方,就会产生垃圾。房屋旁有垃圾堆,里面丢弃着牛骨、猪骨、羊骨、陶器及箭头,这些是典型的新石器时代先民会产生的垃圾。

村庄
杜灵顿垣墙周围发现了 8 座房屋,建造年代大约为公元前 2600 年,也是这一年,先民建造了巨石阵的第一个岩石圈。这 8 座房屋仅占杜灵顿垣墙总面积的 0.3%,相信还有更多遗迹等待发掘。

木质家具
房屋是一个长 5 米、宽 5 米的正方形,在硬陶土地面上有放置木床与其他木质家具的空间。尽管都是木质结构,但他们与在奥克尼郡发现的石头屋布局相似,这表明新石器时代文化在那时影响广泛。

他们朝圣巨石阵的时间。

在夏至日或冬至日前往巨石阵的人心中，巨石阵是圣地。而在迈克·帕克·皮尔逊眼中，巨石阵是先祖和亡灵安息之地。我们永远不会知道先民是出于什么想法才耗费大量时间与精力建造巨石阵的。我们也不知道巨石阵建来有何用处、为何而建，这一神秘建筑蕴含永恒的秘密，不同的人看法各异。这些巨大的石头依然魅力不减。

> 这一时期，人类从狩猎社会步入农业社会，种植作物从根本上改变了地形地貌。

▲ 1640年约翰·奥布里宣称巨石阵是德鲁伊教祭司的作品

▲ 1722年的一幅版画，画面展现了威廉·斯图克利想象中的巨石阵

失落的
吉萨法老

埃及法老胡夫（Khufu）主持修建的大金字塔可能是他留给世界的印迹，大金字塔也是古埃及仅存的远古奇迹，但他的长眠之地却是一个谜……

作者：多姆·莱塞-林肯

▲ 位于大金字塔底部的"太阳船",出土时已成碎块

▲ 已经修复的"太阳船",它是胡夫的陪葬品,载着胡夫与他的财富一起去往来世

大金字塔是古埃及建筑技艺与创造力的象征,也是世界上最雄伟的建筑之一。大金字塔原高146.5米,比吉萨金字塔和斯芬克斯狮身人面像还高,是埃及法老胡夫的陵墓。大金字塔完美展现了古埃及王国的雄厚实力。

目前我们对这个拥有至高王权、主持修建大金字塔的男人知之甚少。数十年来,胡夫的人生深深吸引着历史学家与考古学家,特别是这位古老帝国的统治者葬在何处,目前毫无线索。所以,这位古埃及伟大君主身上发生了什么?如何破解大金字塔背后的谜团?

作为古埃及王国第四王朝第一位法老斯尼夫鲁(King Sneferu)的儿子,胡夫身上笼罩着历史谜云。胡夫在位时期是埃及历法上的古王国时期,与其他法老一样,他的功绩淹没在历史长河中。关于他的诸多信息,时至今日人们依然争论不休,但许多历史学家相信他出生于公元前2609年。他的全名是Khnum-Khufwy,意思是"赫努姆神保护我"(the god Khnum protects me),Khufu是Khnum-Khuefui的缩写。父亲去世后,他在20岁时继承王位。

紧接着,胡夫开始组织修建大金字塔。他的父亲在位期间也修建了几座金字塔,但是胡夫不想步父亲的后尘,他决意驱散父亲的统治阴影,在这个世界上留下属于自己的印迹。他的统治期在26年至46年之间,而大金字塔需要耗费10年至20年建成,大金字塔完全可以为他的统治期"代言"。

对于胡夫修建这座大型陵墓耗费了多少人力物力,人们看法不一。古希腊历史学家希罗多德(Herodotus)认为胡夫动用了契约奴隶建造整座金字塔。希罗多德的看法,给胡夫树立

▲ 这座高3英尺（约0.91米）的雕像是目前仅存完整的胡夫形象，1903年发现于一座阿比多斯（Abydos）晚期神庙中

了一个负面形象，他是将自己的女儿卖给妓院的残酷暴君。韦斯特卡莎草纸（The Westcar Papyrus）则揭示了胡夫的另一面，在这份古老史料中，这位第四王朝的统治者信仰虔诚、仁慈宽容，他拥护古埃及至高无上的灵魂。他雇用工人建造金字塔，由此耗费了大量王室财力。

胡夫在这个世界上留下了诸多痕迹，一些石刻铭文与韦斯特卡莎草纸揭示了这位君主专注贸易与物品交易。在西奈半岛的马格里布干河谷（Wadi Maghareh），一块石刻铭文刻画了胡夫戴着双层王冠，这是他在这片领土拥有无上权力的象征。西奈半岛以绿松石和铜矿闻名，这两种矿石广泛运用于埃及艺术品与建筑物之上。胡夫也曾派遣大量使者前往地中海的比布鲁斯市

吉萨的伟大法老

吉萨大金字塔不仅是古埃及文明非凡创造力与建造技艺的象征，也是一群拥有无上王权的男人永恒的印记。法老是王国中威望最高、灵性至纯之人，但他们并不满足于尘世荣耀，而是希望借助建筑物在时光中永生。从胡夫到孟卡拉（Menkaure），这些男人毫无顾忌地挥霍权力，他们在地球上的印迹也会永远存在。

胡夫

对于这个为了自身荣耀而主持修建吉萨大金字塔的男人，他的生平资料并不完整。这位法老是古王国时期第四王朝的第二位统治者。历史学家对这位法老的性格如何看法不一，有人说他是一位建造了大金字塔的仁慈的傀儡国王，有人说他将自己的女儿卖给妓院赚钱，残暴至极。

哈夫拉

与父亲胡夫很像，第四王朝第四位统治者哈夫拉也受到召唤，觉得应该修建一些巨型奇迹。哈夫拉娶了他的姐姐美瑞斯安柯三世（Meresankh）为妻，在古埃及这很正常。哈夫拉用高效生产力来象征其王权统治。他在临近大金字塔的谷地修建了埃及第二大金字塔，哈夫拉金字塔内宽阔的墓道连接两个法老墓室。墓道同样也连接斯芬克斯狮身人面像，许多人认为狮身人面像代表哈夫拉的自身形象。

孟卡拉

人们认为孟卡拉是哈夫拉的儿子，他是古埃及第四王朝第五位统治者。历史上，这位埃及国王信仰虔诚、深受爱戴。他统治时期，第三大金字塔开始兴建。不幸的是，孟卡拉的金字塔在他逝世时尚未完工，但人们在他逝世时对他的推崇敬仰使继任者谢普塞斯卡弗决意亲自监督建造孟卡拉的金字塔。

▲ 刻着胡夫名字的花岗岩石板，大英博物馆藏

（Byblos）进行贸易活动，以此换取黎巴嫩雪松木，这些木头可以用来造船或另作他用。胡夫是"建筑之王"，将自然资源与原料视为金钱。

现在，他开始规划一项工程，作为古埃及幅员辽阔以及他身为统治者功绩非凡的象征：大金字塔。如前所述，这项工程不仅仅是为了凸显古埃及的建造技艺——建造它花费了10年至20年时间，耗费了230万块岩石——还为了与第三王朝时期的法老与工匠们区分开来，以此展示胡夫与第四王朝的辉煌。斯尼夫鲁之前的法老通常建造小型平顶陵墓作为自己的长眠之地，但像胡夫这样的法老则为自己规划了一个超大型陵墓。

记录显示，建造大金字塔的契约奴隶或者工人开工的时间是公元前2589年至公元前2504年之间，他们搬运了超过200万块岩石，每块至少重达两吨。大金字塔占地约5.5万平方米，塔基每边长围起来合计两万平方米，无论远古还是现代，它都是令人瞩目的存在。这一建筑奇迹始于第四王朝时期，它独一无二，匠人们不断创新，金字塔塔基的4个角采用了榫卯结构，以防遭受地震危害。

用来粘连每块巨石的水泥也是匠人们的创新成果，就算是现代工程师用现代技术也无法复制。这些水泥支撑着大金字塔矗立了超过4000年，这本身就足以证明这些第四王朝的建筑师的技艺精湛。大金字塔完工后，陵墓外墙要覆盖一层高度抛光的石灰石。这样就会让大金字塔成为古埃及王国中心最闪耀的灯塔，但后来，阿拉伯商人剥下外墙的石灰岩，令大金字塔失去光泽。

今天，考古学家与科学家继续为胡夫大金字塔及其他几座吉萨金字塔着迷。作为古埃及留给世界的仅存奇迹，金字塔一直受到最好的保护。为此，专家们需要用最新的方法重新估测它们的结构，在伤害最小的情况下看清金字塔内部结构。

其中包括热成像扫描技术与μ子射线成像技术，μ子是基本粒子，它与电子类似但质量比电子大。还有一项技术是埃及人自主研发的"扫描金字塔"技术（ScanPyramids），这项技术能让我们仔细研究金字塔内部。"扫描金字塔"创始人兼主席梅迪·塔尤比（Mehdi Tayoubi）表示："扫描金字塔是一个国际科学项目，由遗迹创新保护研究所（Heritage Innovation Preservation, HIP）、开罗大学工程学院以及埃及文物部共同发起。我们的目标是利用世界上最先进的科学团队、最环保的技术，在不破坏的前提下来'透视'岩石。"

"扫描金字塔"重点在于利用μ子，它的质量能穿透坚硬物体，从而探测物体内部结构，最终形成图像。塔尤比补充道："包括μ子射线成像技术在内，我们用了三种不同技术。我们还用了激光扫描与摄影测量技术，以期获得吉萨金字塔和代赫舒尔（Dashour）金字塔最准确的3D模型。"

与扫描金字塔类似的项目还有很多，它只是其中之一。通过这些项目能更好了解大金字塔内部结构，同时通过一系列无危害技术探明金字塔内部可能存在的隐秘空间及其结构。这一多学科研究使用了许多有待验证的前沿技术，有些技术甚至还未经过实验检验就应用于实践。塔尤比和他的团队已经驻扎在吉萨研究大金字塔，他期待未来能与古代建筑学专家、粒子物理学家及工程专家们分享研究数据。

塔尤比试图合理使用最新前沿技术，以期加深人类对大金字塔的认识，他表示："我们不是第一个吃螃蟹的人，有了扫描金字塔，我们期望加深人类对大金字塔的认识。我们不知道会发现什么，但是我们是充满热情、为了实现儿时的梦想才去做的。利用这些前沿技术，我们不仅可以从新视角看金字塔，还可以推进技术发展。这一切都要感谢古埃及遗迹的魔力。"

大金字塔是个超大型坚硬物体，塔内墓室也不是我们在电影中看到的那样纵横交错。事实上，塔内只有几处法老与王后的墓室。目前已知塔内结构包括作为原始入口的下沉甬道、上升甬道、大甬道、神秘墓室，另一个位于"心脏部位"的神秘墓室及两个主墓室。两个主墓室中，法老墓室位于王后墓室上方。有趣的是，许多历史学家相信王后墓室从未放过木乃伊，为王后建一座墓室仅仅代表法老在生前与来世都可以拥有伴侣。

大金字塔内有什么？人们猜测，为法老建造的陵墓肯定有成堆的金银财宝，供他来世享用。但现实往往没那么尽如人意。9世纪，古埃及王国早已没落，一位年轻阿拉伯哈里发阿卜杜拉·艾尔·马蒙（Abdullah Al Mamun）对这个世界充满好奇。他想丈量国土的每一寸土地，他相信能在吉萨大金字塔内找到

▲ 疑似胡夫形象的象牙石像，在德国展出

他的来处。他与仆从们打开陵墓、进入墓室，却发现墓室被盗一空，只剩下空空如也的棺材。看来盗墓者已经盗走了这位伟大法老的丰厚随葬品。

从那以后，大金字塔的谜团越来越多，由此生出无数问题与猜想。为什么会有人将法老尸体移位？为什么墓室中找不到任何关于法老的信息？大金字塔真的是胡夫的金字塔吗？这些问题引发胡夫尸体位于何处的诸多推测，观点之一认为是效忠他的仆从将他的尸体移至别处，防止被盗墓者或入侵者毁坏。

另一个观点认为胡夫的尸体仍然在大金字塔内，位于某个有待发掘的神秘墓室中。这也是塔尤比与扫描金字塔项目团队借助外界力量希望在大金字塔中探寻的谜团之一。

塔尤比承认："遗憾的是，我们不是考古学家。我们计划大范围扫描金字塔，但目前技术设备有限。如果发现一处空间，考古学家能用专业知识告诉我们这处空间为什么存在。我们的研究方法就像埃及考古学家委托法医通过医学扫描设备研究木乃伊。我们的研究也需要合作，如果能探明大金字塔内部不存在异常空间，我们就可以在别处继续搜寻胡夫的尸体。个人力量无法破解这个谜团。"

2015年另一支研究团队在金字塔内部探测到神秘热能，这个发现为金字塔再添谜团。

塔尤比及其团队也在关注新探测到的神秘热能。塔尤比表示："目前不知道神秘热能产生的原因，我们用 μ 子望远镜扫描金字塔外部结构，希望获得更多信息。我们也用24小时红外线设备最大限度地记录温差，排除风力等外界因素影响，获得更精确的结论。这个过程需要长期测量和大量数据。大金字塔建成可能已经超过4000年，想用1年时间完全了解它是远远不够的。"

因此，塔尤比期望未来扫描金字塔项目能有所提升创新，从而继续探索大金字塔内部构造。他沉思道："我们的研究非常谨慎，一步一个脚印。为了更好探索金字塔，我们的技术每天都在进步。比如，刚来吉萨的时候，受埃及空气湿度与温度的影响，我们用来扫描的化学乳胶只能曝光40天。现在，化学乳胶曝光能超过60天。现在我们能获得更多的 μ 子轨迹、更精准的 μ 子图像、更丰富的数据。"

无论是游客还是学者，来到吉萨，看到大金字塔及其他几座金字塔，都会惊叹这一人类伟大的建筑物。悠久的埃及文明通过这些永恒纪念碑继续默默守护它的子孙后代。无论大金字塔是否属于胡夫，过去黑暗残暴的政治气氛都不能掩盖这一世界奇迹的光辉与神圣。

大金字塔墓室

大金字塔是吉萨最瞩目的存在。这座威严的地标建筑用了超过 200 万块岩石堆砌而成,每块岩石重达 2 吨至 15 吨。通过它,我们得以望见胡夫统治下古埃及王国的辉煌。下图为我们目前已知的金字塔内部构造。

国王墓室
胡夫的墓室位于何处尚无定论,人们普遍认为他的墓室已被盗墓者毁坏,尸体遗落别处。

神秘墓室?
2004 年一支法国业余考古队宣称他们在大金字塔内发现一处神秘墓室,埃及政府此后并未准予他们继续探索。

王后墓室
金字塔内部有 3 个墓室。一个位于金字塔底部,王后墓室位于中部,国王墓室在最上层。王后墓室从未真正埋葬过王后。

大量资源
建造大金字塔需要耗费大量资源,完成它需要大约 230 万块岩石,其中最重达 15 吨。

- 大甬道
- 通风井
- 前室
- 减压室
- 通风井
- 入口

地下墓室
1954 年一艘大船(名为"太阳船")在大金字塔底层被发现,这是目前世界上已发掘出土的最大船只。

从远处看大金字塔塔身可能齐滑平整,但其实它的外墙是用岩石垒成的阶梯形态,参差不齐

佩特拉古城
文明交汇之地

千年时光积淀，佩特拉古城不只是约旦的文明象征，还是古阿拉伯半岛建筑艺术与高超技艺的代表

作者：多姆·莱塞－林肯

▲ 佩特拉大神庙，1992年由布朗大学发掘面世

作为一个在西方世界失落超过2000年的城市，佩特拉古城曾被不同族群占领，多元文化的交汇也是它的迷人魅力所在。从原始居民纳巴泰人到公元前4世纪续建城市的古希腊人，再到条条大路都能通竞技场的古罗马人，这座古城生动展示了占领者如何改造一座城市的建筑艺术、宗教信仰与城市功能。

古城的首批建造者是古纳巴泰人，最初这里是古纳巴泰人的首都，高大雄伟的宫殿位于约旦马安省南部沙漠，那时它是阿拉伯历史最闪耀的代表。古城隐藏在一条连接死海与阿拉伯海峡的深山峡谷中，沿着马德巴山（Jebel al-Madhbah）依山而建。这片土地是世界上最干燥的地区之一，年降雨量稀少。整座古城地下深埋着错综复杂的管道，地面上有大坝与沟渠，为整座古城提供源源不断的水源。

约旦向导穆斯塔菲·诺法勒（Mustafa Nofal）每周都要带队前往佩特拉古城游览，他说："古纳巴泰人控制重要贸易通道之后建造了佩特拉古城。亚历山大大帝逝世后，他的将领企图瓜分古希腊帝国，最终帝国一分为二。"

他接着说："佩特拉处于中间地带，两个帝国都无法控制它。历史上，数千名古希腊战士有去无回，事实上，许多战士成为古纳巴泰人的雇佣劳动力，参与建造这座瑰丽的城市。"

古纳巴泰人以经商为业，他们开通了多条商道，最终在古纳巴泰王国首都拉吉玛（Raqma）交汇，拉吉玛是佩特拉古城的早期名称。

按字面来说，佩特拉是古阿拉伯半岛的要冲。骆驼商队是商品交易的代名词，每天这些商队都要从远方满载香料、织物与熏香穿城而来。但影响这座城市的不仅仅是商人带来的古埃及、

> 数千名古希腊战士有去无回，事实上，许多战士成为古纳巴泰人的雇佣劳动力。

古亚述等远方文明，大部分佩特拉的经典文明受到后期续建这座城市的统治者影响，例如古希腊文明。

诺法勒对造就佩特拉的诸多文明评价道："建造佩特拉的工人来自古希腊，这一点在古城建筑风格上能清晰感受到，但是古纳巴泰人也在试图创造属于自己的风格。古纳巴泰人控制着交通要道，能直接与不同文明交流，所以他们试图在城市中的每一个角落都打上自己的烙印，但是他们的梦想没有实现，因为古希腊风格太经典了。之后古罗马人接管这座城市，统领范围也包括佩特拉古城，他们在城中留下了自己的印迹。"

在古城建造与发展初期，宗教同样至关重要。就像贸易伙伴古埃及人那样，古纳巴泰人信奉来生。对他们而言，来世就像今生一样重要，所以陵墓与墓葬在古城中随处可见。

不同文明也有相似风格，陵墓与墓葬属于古城中最富有或最负盛名的家族，在法沙特街（the Street of Facades）发现的墓葬就是例子。女儿宫（Qasar al-Bint）是古城中最大的神庙，其建筑融合了古纳巴泰风格与古罗马风格。从外表看，它是一座传统罗马式神庙，内部宽阔的柱廊通向一个小型室内神龛，这也是这座城市文明交汇的象征。这座城市的大部分地区都是围绕着这座神庙发展起来的，早在古罗马人到来之前，这座神庙就供奉着古纳巴泰人心中的最高神——杜沙纳。神庙不远处矗立着翼狮神庙，用以供奉古城最主要的神——阿乌莎（Al-'Uzza，意为"全能的"，被认为是金星女神）。

公元106年，古罗马人的到来给佩特拉古城带来翻天覆地的变化，不仅是统治政权的变化，还包括城市建筑与风格的变化。诺法勒补充道："显然，古罗马人给古城带来很多变化，他们建造了自己的建筑，其中一些位于古纳巴泰建筑之上。"

他接着说道："他们甚至将一些古纳巴泰陵墓用来埋葬自己的将士，并为这些陵墓重新命名，例如罗马士兵陵墓，游览这座陵墓时，你能明显感受到这不是古罗马的陵墓建筑风格。拜占庭时期，东罗马人甚至还将一些陵墓改建成教堂。"

图拉真国王对所有古纳巴泰人宣布已占领整个阿拉比亚地区后，佩特拉成为古罗马的一部分。古罗马人控制了地中海地区的所有贸易往来。

古罗马军团实力雄厚、无人能敌，占领佩特拉的过程兵不血刃。成功占领佩特拉后，古罗马人开始续建这座城市，并在此生活了3个世纪，与古罗马命运与共的佩特拉身不由己，越来越多的珍贵货物随着贸易路线改变运往古罗马首都，

佩特拉的贸易统治地位最终陨落。

诺法勒站在古城中古罗马遗迹前说:"古罗马人善于修路、建竞技场,还有就是为自己建陵,但他们的建筑师不会开凿岩石,这一点很重要。所以发生在公元336年左右的那场毁天灭地的大地震使这座城市伤痕累累,商业经济遭到重创,大部分古罗马建筑毁于一旦,而古纳巴泰人的石刻建筑都幸存下来。"

抛开它曾是古纳巴泰人的首都、阿拉比亚的贸易要冲不谈,4世纪那场灾难性地震永远改变了佩特拉的命运。大部分古罗马圆柱与建筑化为废墟,主要因为古罗马人不像古纳巴泰人那样直接在岩石山上开凿建筑,古纳巴泰人依山而建的建筑完好保存至今。

而后,佩特拉不再重要,古罗马人的统治导致这座古城的贸易地位衰退,曾经的游牧族群一直生活在这里,并逐渐向周围地区分散。今天,佩特拉作为一座城市的影响力早已消散,但对于有幸游览此地的游客来说,它是真正的世界奇迹。

探索迷宫

杜沙纳神庙
帕提亚式风格的杜沙纳神庙曾是佩特拉古城的最大建筑。神庙融合了希腊式与波斯式建筑风格，踏上两层台阶之后便是平台。

代尔修道院
代尔修道院是佩特拉古城的标志，其英文也可以写成 Ad Deir 或 El Deir（翻译过来是"修道院"的意思）。它延山劈凿而成，正面宽50米，高约45米，是古城永恒的存在。

皇家陵墓
与许多佩特拉建筑一样，第一座皇家陵墓（Urn Tomb）沿砂石岩高墙而建。对于陵墓主人，历史学家争论不休，一些人认为是纳巴泰国王马尔柯二世（Malchus Ⅱ），另一些人认为是阿雷塔斯四世（Aretas Ⅳ）。

- 拜占庭教堂
- 佩特拉博物馆
- 石柱街
- 大神庙
- 蛇道
- 西克峡谷
- 文艺复兴墓

古罗马露天剧场
经过法沙特街便能见到佩特拉古城最震撼人心的建筑——古罗马露天剧场。这个剧场其实是古罗马人占领这片土地之后的翻新之作，古罗马人到来后，古城人口也增长大约8000人。剧场沿山体向下而建，宽阔的表演平台位于山谷底部。

卡兹尼神殿
卡兹尼神殿（Al-Khazneh）又称"宝库"（The Treasury），是佩特拉古城最著名的景点，也是古城中最引人注目的存在。与代尔修道院一样，卡兹尼神殿直接在岩石中开凿而成，这让它看起来异常壮观。它刚建成时是一座陵墓，有传说称里面存放着历代佩特拉国王的金银珍宝。

方尖碑墓
公元前1世纪，古纳巴泰人在山体石壁顶层建了4座方尖碑墓。它们是死亡的象征，并且代表着埋葬其中的人们。方尖碑墓与古罗马露天剧场的建筑风格相差甚大。

佩特拉古城东入口,名为蛇道,又称"蛇井",曾为商队使用

发掘几个世纪后,这座纪念碑叫方尖碑墓的原因已经明了

兵马俑的真相

距兵马俑首次发现已过去 40 多年，时至今日它依旧充满惊喜、神秘莫测并引发讨论

作者：约翰·曼

1974年春，距古都西安不远的临潼县骊山镇西杨村，6位农民在果园打井时挖出了一个泥土烧造的陶俑人头，紧接着又挖出了士兵俑的躯干。这些陶俑对他们毫无用处，他们随之将其扔在一旁。而后当地一位文化馆专员听说挖出了陶俑，赶去现场将碎块收集保存起来。紧接着一位记者写下一篇关于此次发现的报道，最终，发现陶俑的消息引起政府注意，政府当即组织派遣一队考古专家前去发掘。

机缘巧合下，一处震惊世界的稀世珍宝得以重现天日。数千个真人大小的兵马俑代表着秦始皇的意志。公元前221年秦始皇统一中国，他的陵墓距兵马俑出土地不到两千米，尚未发掘。兵马俑还不是全部，陪葬坑内还发掘出青铜器、石器，以及散落的骨骸，这一切都使学者们无比惊叹——接着挖下去，还会有多少惊人发现？

与所有皇帝一样，秦始皇最大的心愿就是长生不老，他的身体、灵魂需要得到照护。古时的中国人相信灵魂统领身体，就像皇帝统领国家一样，祖先的灵魂自有其存在的地方，活着的人可以通过寺庙及宗教仪式通灵。虽然没人知道具体情况是什么样的，但大家普遍相信人死后，灵魂在来世也能享用今生的一切。富商权贵需要大量金银财宝，而皇帝则需要整个帝国相伴。有时，陪葬品是有生命的，有时不是。精工细作的明器完全能够传达"事死如事生"的理念。作为陪葬品，小型马车成为陪伴墓主人的最佳代表，它载着墓主人的灵魂往生极乐。墓主人灵魂永世不朽，遗体也需要永久保存，这样他才能有重生那一天。一些人还相信只要得到长生不老药便能永生。

秦始皇一开始就决定，他需要一个完美的长

▲ 铜马车出土

▲ 超过6000个精心塑造的兵马俑列队而立

眠之地，他的陵墓成为一项浩大工程。骊山是最佳的风水宝地，这片土地山势逶迤，距离帝国都城咸阳约60千米。一支工人队伍耗费数年时间建成陵墓地基。司马迁写道，这是一支由70万人组成的庞大队伍，整座陵墓建成用了将近40年。

有人（具体是谁我们不知道）提出铸造一支真人大小的军队，或许是为了满足秦始皇需要一支栩栩如生、永生不朽的军队来护卫他的需求。首先，需要有人塑造它们。泥土显然是最主要的原料，因为陵墓周围随处可取。一支军队有多少士兵俑？目前发掘修复了1000多名士兵，学者估计尚待发掘的士兵俑数量为6000至8000左右。加起来差不多就是10000了。

▲ 兵马俑表面最初绘有不同颜色，栩栩如生

中国第一位皇帝的权力与暴政

兵马俑为谁而建?

史学家司马迁在其著作《史记》中记录下中国是如何分裂成战国七雄、纷争不断的。公元前246年,秦国太子嬴政13岁,他从父亲手中接过当时天下最强盛的王国——秦国的王位。成年后,他发现自己的母亲赵姬与丞相吕不韦有染。他将赵姬赶出咸阳,赵姬的情人嫪毐被处以"车裂"。嬴政此后吞并六国、独霸天下。完成这一功绩,他用了11年。公元前221年,作为秦朝第一位皇帝,秦始皇统治着整个中国,他以"秦"为自己的帝国命名。

国家统一后,释放了大批劳动力与士兵将领。为了防止他们闲下来(担心他们会生造反之心),秦始皇命令他们修建多项大型工程,这些工程让全国上下一条心。他监督工人修建秦直道、大运河、宫殿、万里长城(作为一项防御工程,长城可以阻挡入侵者,保护秦国子民),当然也包括他的陵墓。

强权之下,秦始皇开始变得无比威严。在司马迁笔下,作为皇帝,他将自己的意愿强加给天下,他下令"焚书坑儒"、下旨"书同文、车同轨",统一着装、统一货币、统一度量衡。

司马迁笔下残酷暴戾的秦始皇可能有夸张成分,他是在用秦始皇的形象来指代批评汉武帝。对于秦始皇的功绩与暴政,世人毁誉参半。

▲ 人们相信兵马俑的数量不止10000个

兵马俑周围发掘出土的青铜长剑

▲ 人们相信盗墓者是为了这些价值可观的兵器而来的

这些陶制士兵身上配的是实战兵器，长剑、长枪、矛、戟数以百计，青铜弩、青铜箭数以万计，它们都与青铜箭头相伴（考古学家已发掘出40000余件兵器）。

兵马俑颇引人注目的是它们表情各异，有人认为它们是仿造真实士兵刻画而成的。然而，事实可能不是如此，它们各异的表情可能是通过修改面部特征得来，包括胡子、鼻子、发型与眉毛，通过各自不同的特征展现个性与特性。

相比现在，过去的兵马俑更加光彩夺目，因为那时它们表面覆盖着鲜艳的颜料。在陶俑表面涂上颜料需要另一项技术，2016年，经过检验分析，这些颜料来自地表矿物。上色之前先在陶俑表面覆盖一层漆，这些漆取自天然漆树汁液，由此形成一道天然防护。

公元前210年，秦始皇驾崩，秦始皇陵的建造开始加速。墓室需要建在陵墓内，并被陵墓整个覆盖，还需要挖大量陪葬坑，放置随葬品与陪葬者。兵马俑坑（目前探明4个，其中1个是空的）完工后放入士兵俑、军吏俑、车马俑，以及车俑等，最后以黄土覆盖构成坑顶。1号坑是最主要的坑，坑里有超过6000个陶俑，俑坑由土墙、土顶构成。建造这个俑坑需要超过4000人力花费约4年时间方可完成。

那之后，陈胜、吴广揭竿而起，举起了中国历史上第一次大规模农民起义的旗帜。秦王朝陷入混乱，战争持续近8年。有观点认为，那时，兵马俑的几个主要俑坑被一把火烧毁。然而这些只是推测，因为俑坑内没有大火焚烧过的明显痕迹。曲尺形的2号俑坑内，倒地的兵马俑可能能告诉我们发生了什么。起义军一定知道兵马俑的存在，这样的大型工程不可能是秘密，他们也一定知道数千士兵俑佩戴着价值连城的青铜实战武器，包括剑、弩等。

所以，坑内的盗掘是如何造成的？一个可能（相对可信）的推论是：一队起义军点燃火把照亮坑内。他们匆匆忙忙推倒了一些兵马俑，但只行进了40米，火把就掉落到地上，随之引燃一根木梁。熏烟在坑内蔓延，一切化为灰烬。坑内氧气稀少，火焰在木梁上蔓延，逐渐形成"煤层火"（seam fire）。煤层火在拥有大量煤炭矿物的地层很常见，它会持续燃烧数年，甚至数十年。秦崩汉兴，煤层火燃烧导致土层越来越重，最终因承受不住而坍塌，兵马俑被封闭掩埋其下，直到两千多年后重见天日。

1974年的首次发掘只是开始。自那以后，不断有振奋人心的新发现，有些发现甚至不可思

▲ 人们相信石铠甲是对抗鬼魂的有力武器

▲ 随着考古学家解开谜团，等待他们的是更多的疑云

▲ 人们相信仙鹤代表长生

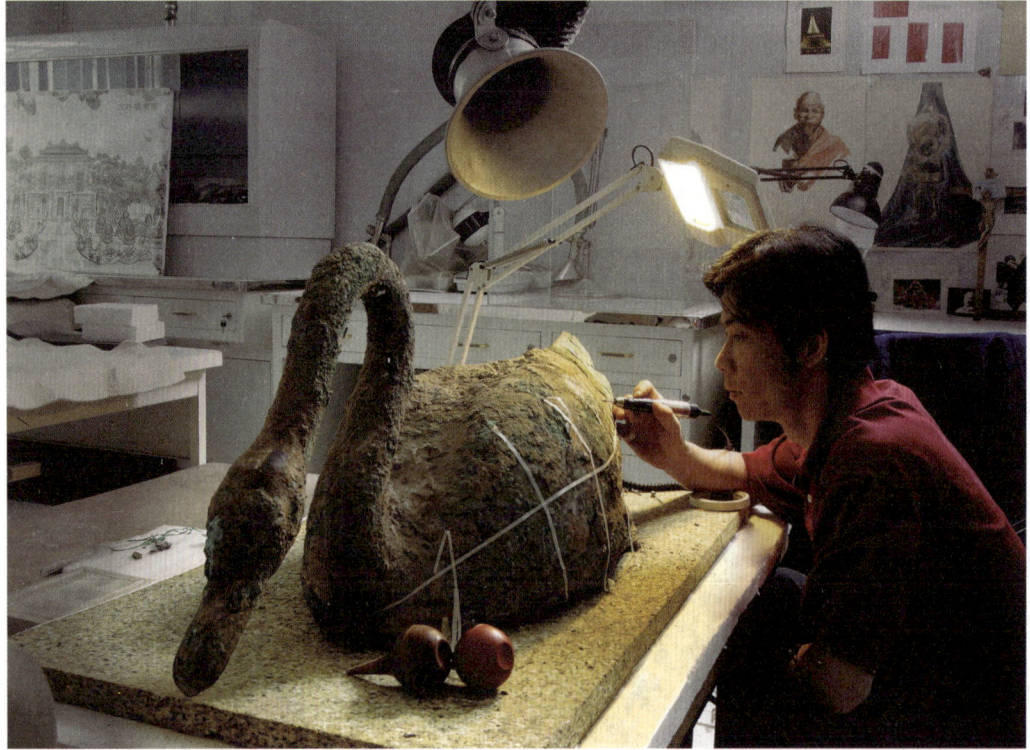

▲ 一名专家正在检测一只坑内发掘出土的青铜天鹅

议。一次是1978年发现的铜车马陪葬坑,之后发掘出土了两乘驷马两轮铜马车,但它们出土时已成3000余块碎片,专家们花费了8年时间重新拼接修复。

2011年考古学家发表了关于青铜兵器的研究成果。229把强弩、超40000枚箭头整齐排放。长枪与长戟上刻有工匠名字、铸造年代,甚至有些是私人铸造的铭文。许多武器的铸造年代是公元前244年至公元前228年,时间跨度是秦王嬴政继位(公元前246年)之后,尚未统一(公元前221年秦国统一天下)之前。

考古学家推测还有更多发现等待考证,或许能在兵马俑身上新发现的那枚指纹中找到线索。

士兵俑类型

兵马俑可能看起来都一样，但其实它们角色不同

高级军吏俑
高级军吏也就是将军，铠甲之下身着两层长襦。俑坑内高级军吏不足10个。

中级军吏俑
中级军吏俑头戴双板长冠，身穿护胸甲，没有背甲，甲衣前有彩线绾成的结穗装饰。足蹬翘尖履。

下级军吏俑
下级军吏俑比中级与高级军吏俑矮，它们通常有造型，看上去像随时准备上战场。

铠甲武士俑
作为主要作战力量分布于整个军阵中，在俑坑内出土数量为最。它们大部分身穿铠甲，发型是区分它们的标志。

战袍武士俑
与铠甲武士俑情况相当，只是它们不常穿铠甲、持实战兵器。

立射俑
这些陶俑准备射箭，身着轻装战袍，轻便灵活。它们出土于2号坑东部。

跪射俑
跪射俑位于立射俑之后，严阵以待。它们身着战袍，外披铠甲。

骑兵俑
骑兵俑与驭手俑不同。它们身披铠甲，一手牵马，一手持弓。

马俑
坑中的马俑都是真实大小。1号坑内发掘出土24匹车马俑，它们身披马鞍，随时准备冲锋陷阵。

御手俑
御手俑是骑兵俑的一种，是在坑内出土的两乘青铜马车的一部分，这两乘青铜马车是中国考古史上出土的体型最大、结构最复杂、系驾关系最完整的古代车马。

他们不知道他们的帐篷
就扎在两个地壳板块之间。

冰岛
维京传奇

冰岛最负盛名的可能是火山灰与《权力的游戏》（Game of Thrones）拍摄地，但历史上，它以起源于维京时代而闻名

作者：埃莉诺·罗莎蒙德·巴拉克劳

▲ 雷克雅未克冰岛国家博物馆再现维京战争场景

　　冰岛历史起源于维京时代。冰岛是一个小型火山岛，位于北大西洋中部，北极圈下方，数千年来这里一直荒无人烟。公元9世纪，搭载着斯堪的纳维亚人的第一艘船抵达这里，他们此行是为了寻找栖息地。从此，维京时代拉开帷幕：维京雄狮打败了盎格鲁-撒克逊时期的英格兰，此后的传说提到，阿尔弗雷德大帝（Alfred the Great）战胜了无骨者伊瓦尔（Ivar the Boneless，维京人朗纳尔的儿子）领导的斯堪的纳维亚入侵者。但在冰岛的历史上，这段故事没那么暴力。事实上，首批抵达这座小岛的可能不是北欧异教徒，而是爱尔兰基督徒。

　　根据阿里·奥尔吉尔森所著《冰岛人之书》（the Book of Icelanders）中的内容，斯堪的纳维亚人抵达冰岛时发现一群爱尔兰基督徒已经在岛上生活。其他文字与考古线索则指向这些异教徒在大西洋乘风破浪，只为寻找一处理想的栖息地。目前尚无证据证明这些异教徒最终停留在冰岛。我们只能从阿里的文字中找寻线索，他在书中写道，斯堪的纳维亚人很快离开了这座小岛，因为他们不想与一群基督徒同住，他们走得匆忙，连铃铛、书本与鱼钩都没带走。

我们更倾向于认定斯堪的纳维亚人在岛上停留过。原因之一是，许多斯堪的纳维亚人来自不列颠群岛，特别是女性斯堪的纳维亚人。基因检测表明，现代冰岛男性中有80%是第一批抵达冰岛的挪威人的后代，20%来自不列颠群岛。而现代冰岛女性有33%来自挪威，67%来自不列颠群岛。或许跟维京人在人们心中的形象相似，最早许多女性作为附属品或奴隶来到这座小岛。也可能事实并非如此。无论怎样，这些在岛上驻扎的人被称为"征服者"（'land-taking'），他们占领、瓜分土地。仅用了60年，这座不适宜人类居住、火山遍布、冰川随处可见的小岛就住满了人。

有趣的是，我们知道这些征服者上岛的日期。前文提过的阿里·奥尔吉尔森称："公元870年，英格兰国王埃德蒙（Saint Edmund）杀死了维京人朗纳尔的儿子无骨者伊瓦尔。"阿里向家人与朋友口述这段历史时，用词十分谨慎："我的所有素材都来自养父泰蒂（Teit），他是我心中最聪明的男人，以及舅舅索科尔（Thorkel），他是基里尔（Giller）的儿子，拥有非凡的记忆力。"他写下这段文字时，已过去了几个世纪，所以他笔下的时间可能不准确。但是一个非常"冰岛"的说法证实了他的文字：火山灰小岛。

差不多在早期征服者停留时期，他们直接在火山灰层上盖满茅草屋。这说明，在早期征服者到来之前，冰岛大部分区域无人停留。我们还在

▲ 冰岛辛格维利国家公园中的法律石

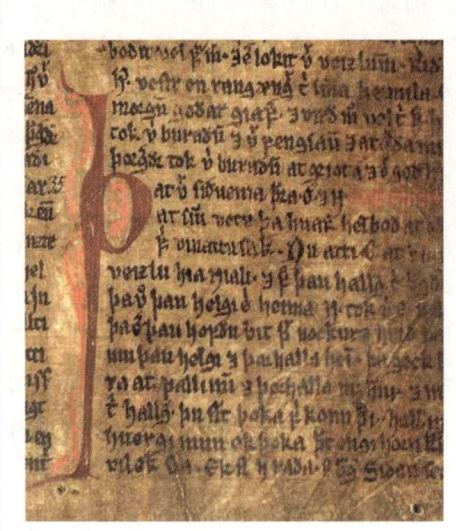

寻找萨迦

在雷克雅未克寻找萨迦

　　冰岛中世纪时期,萨迦(Saga)等同于好莱坞电影或者莎士比亚戏剧,只不过比后两者更血腥暴力。在雷克雅未克,冰岛国家博物馆以及文化宫收藏着许多冰岛早期萨迦手稿。而萨迦博物馆则复原了冰岛早期历史中最著名的人物,例如埃吉尔·斯卡德拉格里姆松(Egill Skallagrímsson),他是维京时代吟唱诗人、战士,冰岛文学中伟大的反抗者,以及雷夫·埃里克,也称作"幸运儿雷夫"(Leif the Lucky),他被认为是第一个抵达北美的欧洲人。尽管萨迦诞生于数世纪以前,走在雷克雅未克大街上,你依然能感受到它的重要性。这座城市的许多街道都以萨迦中的传说人物命名,例如古德伦街(Guðrúnargata)、卡尔坦街(Kjartansgata)及博拉街(Bollagata),这三条街彼此平行,其名称来自《拉克沙尔人民的萨迦》(the Saga Of The People Of Laxardal)一书,这三个人物在书中发展了一段三角恋,由此成为这本书的核心:蛇蝎美人古德伦(Gurdun)、义兄卡尔坦(Kjartan)与博利(Bolli)。

　　格陵兰岛冰芯中发现了火山灰遗迹,这些火山灰覆盖在冰川上,年复一年,就像树木的年轮。根据这些冰芯,可以推测公元871年火山爆发,与阿里书中的时间基本吻合。

　　大约公元930年,冰岛不再是座无人小岛,也是这一年,冰岛建立了世界上最早的议会,冰岛语称为"Alþingi",现位于冰岛首都雷克雅未克东北约30千米处的辛格维利尔国家公园。从地理位置来讲,在这里成立议会充满戏剧性。冰岛位于两个大陆板块之间:这就是它以"冰与火"闻名的原因。每年这两个大陆板块各自漂移,板块间的距离越来越远,位于板块中间的辛格维利尔不停拉扯。作为第一批上岛的冰岛人,

▲《散文埃达》书稿封面,绘制了奥丁及其他北欧众神

他们在辛格维利尔举行了第一次神圣的议会,他们不知道的是,他们举行议会的地方恰好位于北美洲板块与亚欧构造板块之间。相较于地理位置,他们更关心日常事务。维京时代,冰岛甚至整个北欧都很注重法律。冰岛有句著名的习语:"有法才有国"(With law shall the country be built),时至今日,这句话依然是冰岛政府的座右铭。每年议会,法律"宣讲人"都会站在"法律石"(law rock)前重申冰岛法律。12世纪冰岛人首次开始用文字记录时,撰写法典成为他们的首要任务。

联合国教科文组织(UNECSO)已将辛格维利尔国家公园列入世界遗产名录,作为冰岛经典的黄金旅游圈的一部分供游人参观。黄金旅游圈还包括世界上最早的议会遗址、大黄金瀑布及大间歇喷泉(Great Geysir)。然而,相比大间歇喷泉,游客们更喜欢游览史托克喷泉,喷泉每隔几分钟喷发一次,喷发时高度可达30米。

当冰岛开始有人居住、法律体系健全后,这座年轻的城市进入"自由邦时代"。冰岛早期没有国王,后来,萨迦中备受指责的挪威金发国王哈拉尔德(Harald Fairhair)征服了冰岛,他的臣民们被迫离开挪威,来到这座岛屿生活。对冰岛来说,最重要的不是国王,而是一群酋长——控制冰岛不同区域并在国会代表他们各自的追随者。在一座充满仇恨与怨怼,并且恶意随时会引发流血冲突的城市,触犯法律历来受到非常重视。最终的惩罚是"较轻的不法之徒"会被驱逐出境,"完全的不法之徒"会被判死刑。

冰岛人似乎特别重视北欧雷神托尔(Thor),

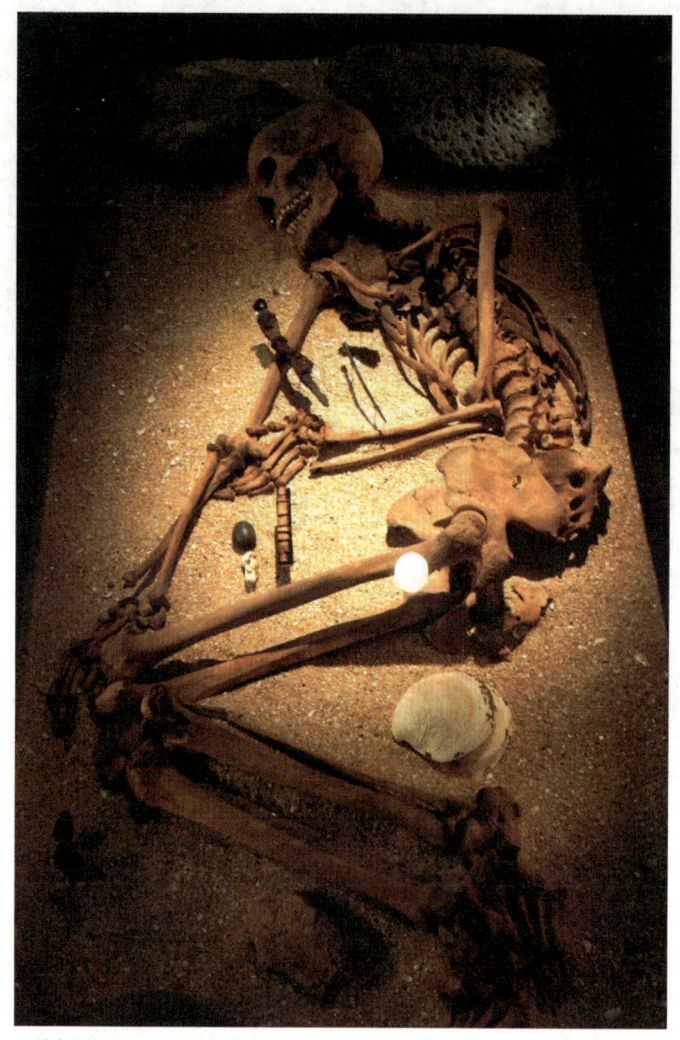

▲ 维京女性骨骸，冰岛国家博物馆藏

他的标志是烈火般的胡子与雷神之锤。19世纪，冰岛发掘出土了一尊6厘米大小的青铜人像。这座人像拥有卷翘的胡子，头戴三角帽，手里握着锤子，垂于大腿处，与雷神托尔的形象很相似。它的制作年代还要往前数近千年，那也是基督教成为冰岛国教的年代。

基督教开始成为文学工具。历史上，冰岛人以守护北欧历史声名远扬。在丹麦历史学家萨克索·格拉玛提库斯（Saxo Grammaticus）笔下，1185年的冰岛人"为了让人们更了解他人的'事迹'，甘愿奉献一生""探索、守护每个国家的辉煌成就很有趣"。今天，冰岛中世纪文学有两部代表作。第一部是关于神祇与英雄传奇的诗歌与传说：涉及的人物包括阿斯加德众神之主、精明的奥丁（Odin）、诡计之神洛基（Loki）、屠龙者西格德（Sigurd the Dragon Slayer）。第二部是《北欧古萨迦》（the Old Norse Sagas）。13世纪之后的中世纪晚期，许

▲ 雷克雅未克索尔法尔不锈钢雕塑,复原了登陆者使用的维京长船

多萨迦开始描绘首批居民上岸以及介绍早期冰岛人,这些故事融合了想象、口头传说与文化影响。在这些传说中,我们认识了法网神鹰尼亚尔(legal-eagle Njal),他在自己的农舍被自己的士兵活活烧死,以及脾气暴躁的红发埃里克(Erik the Red),他被驱逐出冰岛,最终在格陵兰岛建立了北欧据点。我们认识了悲惨的罗徒格雷蒂尔(tragic outlaw Grettir),她有超能力却像孩童般惧怕黑暗,还有机智但善于操控的古德伦,她多次结婚,又多次丧偶。

13世纪是文学的黄金世纪,也是这个世纪,自由邦时代内乱爆发,血腥与戏剧不断上演。数十年里,冰岛的政权集中在少数家族手中。后来,这些家族想要更多权力。由此,他们开启了长达40年的内战,那一时期也称为"斯图伦斯时期"。萨迦记录下这些毁灭性战役与熊熊战火,读起来就像记者记述的战况报道。传说中同样包括神话预言,这些预言通常代表坏事即将来临。一个萨迦提到："梦境会变成现实"，这些梦往往警告人们血流成河的战争即将到来。一个男人梦到他走进一间房子，屋里坐着两个女人。就像一幕恐怖电影，萨迦描述称："她们四处翻滚，浑身是血，血从窗外喷涌进屋内。"1264年挪威国王从内战中获得最大利益，他借机统治了冰岛。自由邦时代落幕。

现在，"维京时代"早已成为历史。1264年后的几个世纪里，冰岛随着北欧政治变换，在挪威与丹麦之间漂浮不定。14世纪末，挪威国王的统治退出舞台，丹麦取而代之。对冰岛人而言，日常生活艰难、气候环境恶劣、资源稀缺，随着时间推移，一切只会变得更坏。例如，1627年夏天，巴巴利海盗绑架了数百名冰岛人，将他们卖做奴隶。十年后，丹麦国王为他们支付了赎金，最终只有少数几人顺利逃生。1783年，拉基火山喷发带来毁灭性影响，之后冰岛进入"雾难期"（the Mist Hardships），超半数人口死于饥荒与中毒。所有这一切发生的时候，冰岛都在丹麦的统治之中。19世纪，冰岛开始出现独立呼声，《北欧古萨迦》成为冰岛人抗争的有力武器。

冰岛真正成为独立国家要到"二战"时期，独立后的第一件事就是要回珍藏于丹麦的萨迦手稿。1971年的一天，爱国的冰岛民众聚集在雷克雅未克港口，只为见证装载着第一批萨迦手稿的丹麦舰队进港，这些手稿终于回家了。

毫无疑问，雷克雅未克是游客在冰岛游览的

▲ 北欧人在海上乘风破浪的场景，或许首批冰岛登陆者也是如此

▲ 12世纪《埃吉尔萨迦》中的埃吉尔·斯卡德拉格里姆松。这篇手稿写于17世纪

▲ 殉道者埃德蒙，9世纪死于维京人无骨者伊瓦尔之手

第一站，但如果想不走寻常路，去探索这个国家在维京历史中的另一面，冰岛北部是更好的选择。冰岛北部地形壮观、地貌反差巨大，那里有活跃的火山、奇特的火山岩地貌、地热湖，以及欧洲最大的瀑布。靠近米湖【Lake Mývatn，也称作"蠓水"（midge water），蠓虫多的季节要小心，因为水里真的虫子密布】的霍夫斯泰德（Hofstaðir）发现了一座大型维京时代酋长屋。此前冰岛从未发现过类似遗迹。一开始，人们以为这是一处异教教会，但现在，考古学家认为它其实是一处大型宴会厅，异教徒在此接受圣餐礼。这处遗迹最令人费解的是发现了23个带有屠宰痕迹的牛头骨，痕迹显示刀从牛双眼处劈下，牛头应声落地，大量鲜血喷溅而出，这或许是圣餐礼的餐前仪式。牛头骨完成献祭后被挂在房子外墙数年之久，现已风化。这处遗迹建造于公元950年前后，是维京时代建筑技艺的代表，11世纪中期房屋倒塌。

米湖南部的斯库图斯塔迪尔（Skútustaðir）发现了另一处早期农庄遗迹，它的建造时间一目了然。维京时代的某个时期，一名叫杀手斯库塔（killer-Skuta）的酋长占领了这座农庄，并以自己的名字为其命名。杀手斯库塔甚至出现在北欧古萨迦中，故事名称叫《雷克雅未克人与杀手斯库塔的故事》（the Saga Of The People Of Reykjadal And Killer-Skuta）。这则故事充满血腥与复仇：就像他的名字一样，杀手斯库塔浑身热血，父亲被谋杀后，他一直在复仇，最终葬

▲ 一艘维京船只复制品漂浮在冰岛一处湖面上

  1971年的一天，爱国的冰岛民众聚集在雷克雅未克港口，只为见证装载着第一批萨迦手稿的丹麦舰队进港，这些手稿终于回家了。

送了自己的性命。

  冰岛北部是许多萨迦的舞台。完全可以顺着这些故事的指引，游览这些曾经有故事发生的地方。穿上登山鞋，在斯特龙小径（Sturlung Trail）了解更多13世纪冰岛内战之后这个国家四分五裂的历史。继续向西，会抵达《瓦恩斯达尔人民的传奇故事》(the Saga Of The People Of Vatnsdal) 发生的地方。在布伦迪欧斯镇，还可以体验刺绣，在"瓦特史德拉挂毯"上落下针脚，冰岛人正在这条46米长的挂毯上"讲述"自己的历史。延盖里街（Þingeyri）不远处有修道院与展览馆，馆内展出着一些最珍贵的中世纪萨迦手稿。

  冰岛北部还有一些诡谲的维京时代展览馆。斯卡斯加德镇的预言博物馆的展览围绕10世纪女先知索蒂斯（Thordis the Prophetess）展开。传说索蒂斯住在附近的斯保科尼费德山，又叫"女先知山"。许多古萨迦中都有她的身影，传说她是托瓦尔德的养母，托瓦尔德是冰岛第一位本土传教士。当时不是所有冰岛人都想信奉基督教，两名男子杜撰诗文诽谤托瓦尔德生了9个孩子，托瓦尔德感觉被冒犯，毫不犹豫杀了他们。

相比传说故事，预言博物馆比托瓦尔德看起来有趣许多：可以学到所有预知命运的方法，从符文到咖啡杯残渍，甚至还可以算算命。如果占卜结果不如意，可以去附近的格雷蒂斯劳格（Grettislaug）温泉，又称"格雷蒂尔温泉（Grettir's Bath）"舒缓情绪，这是一处地热池，传说亡命之徒、强者格雷蒂尔·阿思蒙德森（Grettir Asmundsson）曾在这里泡过温泉。站在温泉边，可以看到德朗盖岛，在格雷蒂尔的萨迦中，德朗盖岛是他的最终归宿。

维京时代早已落幕，但在冰岛，自首批登陆者上岸以来未曾变过的地形地貌、中世纪手稿故事、山川中的小径遗迹，还有刺绣挂毯，这些逝去的历史依然存在。

维京游戏
北欧风格的王者之争

19世纪，冰岛北部巴尔德斯海姆镇（Baldursheimur）附近一处墓穴中发现了一种维京时代的棋牌游戏。这种棋由25个棋子组成，棋子取材自鲸鱼牙齿或者海象牙齿：12个红士兵、12个白士兵，以及1位抓着胡子的国王。这种棋牌游戏叫挪威板棋（Hnefatafl），有点像国际象棋。但在这个游戏中，国王站在棋盘中心，试图逃离士兵的追堵。奥克尼（Orkney）群岛统治者贾尔·罗格瓦德（Jarl Rognvald）写诗夸赞自己的9项天赋，板棋位列第一（其余是刻字、阅读、写作、滑雪、狩猎、划船、音乐与诗歌）。棋牌游戏曾风靡北欧，从石头到闪闪发光的玻璃球，任何材料都可以用做棋子。最著名的例子是在刘易斯岛发现的制作于12世纪的刘易斯棋子，这些棋子大部分由海象牙制成。其中的皇后双手抱头、郁郁寡欢；牧师脸庞圆润，手持经书与权杖；士兵小心谨慎；英勇的战士手持盾牌冲锋陷阵。

▲ 19世纪发现的路易斯棋子

圣米歇尔山
诺曼底征服的战利品

矗立于花岗岩山上,城堡尖顶高耸入云,圣米歇尔山修道院是法国最吸引人的景点

作者:爱德华多·阿尔伯特

修道院内部的壮观景象

"旷世奇观",这是人们称赞圣米歇尔山时会用到的词汇。远处海天一色,近处穿过盐沼与滩涂,便会看到令人惊叹的圣米歇尔山。城墙直冲云霄,你可能觉得,这样的场景只有利用好莱坞的CGI(计算机生成影像)特效才能实现。事实上,这处古迹让人熟悉是因为,电影《指环王》(The Lord of The Rings)中米纳斯·提里斯城(Minas Tirith)的原型就是圣米歇尔山。现实中,这座城堡是人工建造的,或者说,是千百年前住在这里的教徒建造的。

公元708年,在阿夫朗什教堂修行的红衣主教奥伯特(Aubert)梦见大天使米歇尔手指库埃农河旁大片浅滩中心处的岩石山,示意他在此建造一座教堂,敬献给天使。这处浅滩现在以这里的著名景点(圣米歇尔)命名,它拥有欧洲最汹涌的潮汐:落潮时,通往城堡的滩涂露出水面,涨潮时水面升高16米,修道院所在的花岗岩山变成孤岛。奥伯特奉命在这样一个变幻无常的地方建造教堂,对此,他犹豫不决。米歇尔没有消失,他在奥伯特的梦中出现了三次,第三次出现时,奥伯特依然含糊其词。这一次,为了达到目的,米歇尔不断用手指点奥伯特的额头。传说米歇尔的触碰在奥伯特的头骨上灼了一个洞;奥伯特的头骨现在藏于阿夫朗什圣玛丽大教堂,

> 为了不失去自己的领土,古北欧人,或者说古诺曼底人,奋勇反抗。

上面的洞清晰可见（怀疑论者认为这个洞是史前环钻术的证据，不是中世纪天神论的依据）。

公元867年至933年，维京人四处劫掠，船队沿着塞纳河（River Seine）航行，最终包围巴黎。作为打消对方侵略意图的最后一搏，西法兰克国王糊涂王查理（Charles the Simple）与维京人首领罗洛（Rollo）进行了谈判。911年，查理同意让罗洛统治后者已经征服的土地，以换取罗洛帮助他保卫这片土地，免受维京人的进一步攻击。由于不希望看到自己的利益被夺走，北欧人——或者说诺曼人，开始采用当地语言，接受新信仰，并扩大他们的统治。

罗洛的儿子、诺曼底公爵长剑威廉（William Longsword）通过帮助另一位深陷水火的西法兰克国王鲁道夫（Rudolph of France），扩大自己的公爵权力。作为回报，威廉得到了科唐坦半岛，对此，布列塔尼公爵阿朗二世十分憎恶。这一事件最终引发战争，阿朗二世被流放。流放结束后，阿朗二世伦开始夺回自己的失地，法国国王路易六世（King Louis VI）在诺曼底公国与阿朗之间充当和事佬，科唐坦半岛与圣米歇尔山最终成为诺曼底公国的囊中物。

这一时期，圣米歇尔山早已是教徒心中的圣地，且已持续200年之久。

对于山上曾经习惯清修的教徒，朝圣者的涌入搅扰了他们的精神世界，财富的流入唤醒了

▲ 在征服者威廉一世（William the Conqueror）支持下，修道院日益壮大

这些漂泊者。对自己的领地充满热情的罗洛修复了这片饱受维京人摧残的土地，他的儿子威廉也资助了修道院。贵族阶级对朝圣的热情不比底层人士低，但他们出行讲究排场，他们希望在修道院能受到尊贵礼遇，圣米歇尔山的教徒开始服侍这些贵族信徒，而不是贵族信徒为他们奉献。

为了解决修道院的乱象，公元966年，威廉的儿子理查德一世（Richard the Fearless）请来了本笃会修士。理查德对贪图享乐的教徒下了最后通牒：要么遵循本笃修会严格的教规生活，要么离开修道会。最终只有一位教徒离开。

诺曼底公爵的权力越大，就越依赖守护自己的天使米歇尔。公元1020年，理查德一世的儿子理查德二世委托主教希尔伯特二世在山上另建一座修道院。这座修道院最早是罗马风格，后来为了奉献米歇尔，理查德二世与希尔伯特二世开始提一些额外要求。圣米歇尔山形似一个面包，高出海平面78.6米。要想建造修道院，就需要将山顶推平，作为修道院的牢固台基。但那样做会遭天谴。所以希尔伯特二世直接将修道院建在山顶岩石上，并在周围建造了几处建筑，使修道院与它们在同一水平面上。修道院坐落于山顶岩石中心，岩石正中心位于修道院正厅与耳堂交汇处。希尔伯特二世在这块石头上建造修道院，塔楼尖顶高耸入云，塔楼由四面加固矮墙支撑，这四面矮墙留存至今。19世纪，修道院钟楼顶端伫立着一座圣米歇尔雕像，他手持利剑、直指

圣米歇尔山上的百年战争

圣米歇尔山成为军事要塞

　　从英格兰王国到诺曼底公国，金雀花王朝在漫长的战乱时期拥有明显的战略优势：跨越海峡的圣米歇尔山据点。亨利五世在阿金库尔战胜法国后，整个法国北部落入英国手中。看不到法国胜利的希望后，修道院主教罗伯特·乔利维特（Robert Jollivet）向英国投降。主教投降了，教徒却拒不屈服。圣米歇尔山为教徒提供了天然屏障，山上很安全，潮汐每天驱退两次试图包围山体的军队，圣米歇尔山成为法国北部沿岸地区唯一的军事要塞。

　　基于此，圣米歇尔山成为英国的目标，为了切断圣米歇尔山与内陆的连接，英国军队于1423年至1424年、1433年至1434年两次试图入侵。英国军队从向岸处包抄，同时还加固了位于科唐坦半岛的格朗维尔的防御工事。英军指挥官托马斯·德·斯卡尔斯（Thomas de Scales）在格朗维尔周围挖出沟壕，将这处据点也变成了一座岛。有了这些军事据点，德·斯卡尔斯包围了圣米歇尔山，在城墙上炸开一个洞、占领了城中居民区。就算如此，驻守在修道院的教徒依然誓死抵抗，直到德·斯卡尔斯被迫撤退，留下两支部队。城垣外墙上，米歇莱特大炮（Les Michelettes）依然矗立。

　　圣米歇尔山守卫战的胜利，令法国人、特别是圣女贞德备受鼓舞。之后法国人慢慢夺回自己的土地，战争结束后，英国撤出法国，但加来河依然在他们手中。

▲ 两枚米歇莱特大炮保存至今，供游人参观

▲ 圣米歇尔山修道院中的米歇尔天使雕像

天空。穿过修道院，希尔伯特二世与他的继任者向西建造了60米长的回廊。这座壮丽的中世纪修道院从未真正完工，150年后建造工程仍在进行，主教罗伯特·德·托里尼（Abbot Robert de Torigni）在修道院西方重建了两座塔楼。这两座塔楼只是山上众多建筑的一部分。可惜1300年其中一座塔楼倒塌，接着是同一方向的回廊倒塌，1776年，修道院正面突然倒塌，随之而倒的是3座偏殿。今天，7座偏殿中有4座幸免于难。

今天从修道院往下看，世界一片宁静祥和，时光飞逝，这里的景象始终如一。主教们热情满满地扩建了西面的建筑群，在东面也建造了同样的建筑。在东面，希尔伯特二世建造的建筑群一直矗立着，直到1421年英法百年战争期间才受到破坏。1520年，这座修道院被改建成经典的哥特式建筑。可以在西门同时看到原始的中世纪建筑、罗马式建筑，以及哥特式建筑，还有素净的罗马式中殿与华丽的哥特式唱诗席。

圣米歇尔山流传下两段历史：一份是石头上的铭文，另一份是战场上的生杀予夺。石头随着潮起潮落浮浮沉沉，人类历史也是如此。我们对圣米歇尔山的大部分了解来自教徒圣佩·威廉（William of Saint-Pair）笔下的《罗曼圣米歇尔山》（Le Roman Du Mont-Saint-Michel）诗歌集，内容包括介绍每年9月29日教徒齐聚修道院庆祝圣米迦勒节。无须惊叹于修道院脚下小镇的商业发展，大约1000年前，小镇的大街小巷就已店铺林立。

也有历史学家在记述征服者威廉对英格兰的征服中提到过修道院，但最清晰明了的图像与文字还是来自贝叶挂毯。诺曼底公爵罗伯特一世（Robert the Magnificent）前往耶路撒冷朝圣，回国后逝世，留下私生子、继任者威廉。可那时，威廉仅有7岁。虽然父亲是位英勇非凡的君主，但是权势突然交给7岁的威廉，主少国疑，叛国者与野心家纷纷揭竿而起，引发暴力与冲突。就算婚礼这样的喜事也未能幸免：威廉·菲茨·吉罗伊（William Giroie）在他的婚礼上被带走，然后被斩断手足、挖掉眼睛、砍下鼻子与双耳。

威廉在这样充满背叛与叛乱的环境中战战兢兢长大成人，他的成长环境对其日后行事风格影响甚大。公元1064年，36岁的威廉终于手握实权统治国家，与此同时，他也准备好迎接一位意外来客：哈罗德二世。

历史学家并不清楚为什么哈罗德二世会跨越海峡、进入圣米歇尔山，尽管尚未称王，但他是当时英格兰权势最盛的人。研究诺曼底时期历史的学者认为，爱德华一世（the King Edward the Confessor，也叫忏悔者爱德华）派哈罗德二世前往圣米歇尔山，承诺支持威廉登上王位。而研究盎格鲁-撒克逊时期历史的学者则认为，哈罗德二世派两艘船前往圣米歇尔山，解救被威廉绑为人质的两名亲属。不论哪一种说法是真，他们都认为跨越海峡时，哈罗德二世与部下遭遇风暴、偏离原航线，最终在蓬蒂厄上岸，蓬蒂厄是诺曼底与佛兰德斯中间的一个独立国家，面积不大，现在属于法国皮卡第大区。蓬蒂厄伯爵盖

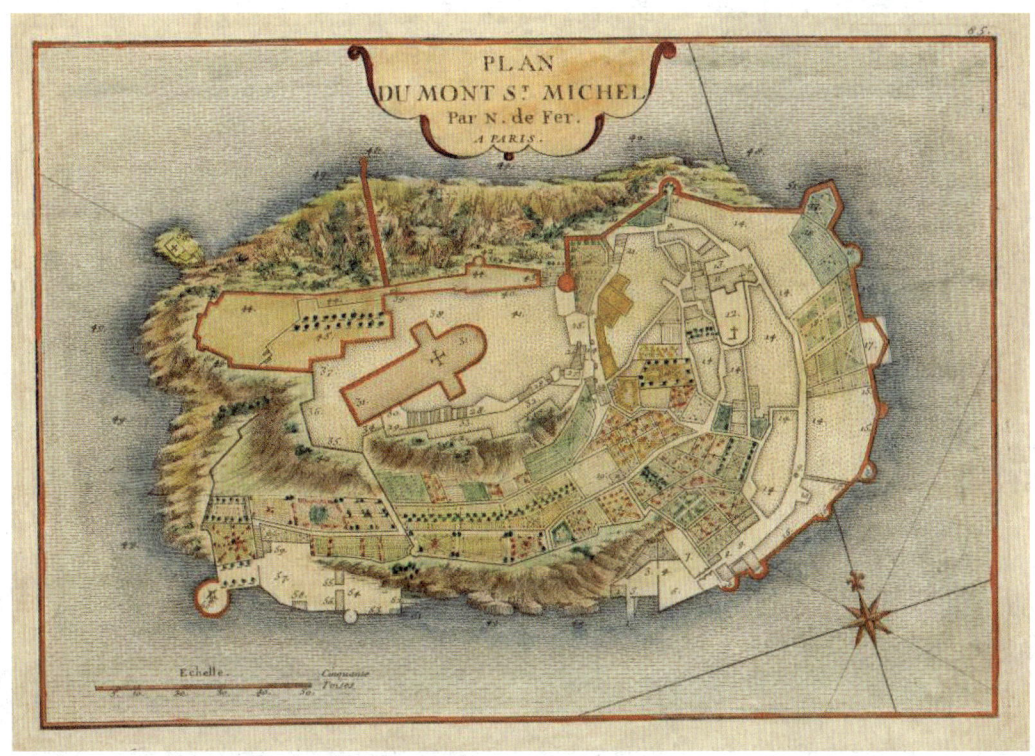

▲ 17世纪圣米歇尔山矗立的小岛的地图，修道院位于小岛中心

从下往上看,圣米歇尔山修道院雄伟壮观

伊一世（Guy, count of Ponthieu）扣押了哈罗德二世，想要从他头上得到大笔赎金。威廉得知哈罗德二世被扣后向盖伊一世施压，迫使他放还哈罗德二世。

哈罗德二世在诺曼底与威廉相处的时间足够长，长到他可以加入威廉与布列塔尼之间的战役。这场远征中，威廉的一些士兵陷入圣米歇尔山四周的滩涂中。多亏拉丁文注释，人们得以从贝叶挂毯中窥见当时情境，"威廉与他的军队来到圣米歇尔山。他们跨过库埃农河。哈罗德二世将威廉的将士们拉出滩涂。哈罗德二世一行人逃往别处"。

在贝叶挂毯中我们可以看到威廉的士兵手持盾牌护住头部，奋勇过河。盾牌原料通常为椴木，四周环绕羽毛装饰。这就是为什么这些士兵过河时不想让盾牌沾湿：羽毛会吸水。羽毛吸满水会使盾牌重量倍增。从贝叶挂毯中可见哈罗德二世的功绩，他一次性将两名士兵从滩涂中拉出来，他肯定特别强健，才能在那种情景下救人。

经过这场战役，哈罗德二世许下命定的诺言：支持威廉登上王位。研究诺曼底时期历史的学者认为这是哈罗德二世自己承诺的；而研究盎格鲁-撒克逊时期历史的学者则意见相反，他们认为哈罗德二世作为威廉的人质别无选择，只能这么说。圣米歇尔山修道院的教徒则不置可否。1066年秋，威廉加冕时，教徒支持他并为他祷告。

现在，威廉二世拥有国王与公爵的双重地位，他的财富足以支撑他大量捐助修道院。在他的帮助下，修道院东部区域于1084年完工，之后的几世纪里修道院四周陆陆续续增修了许多建筑。诺曼底公爵成了英格兰国王，征服者威廉的

▲ 哈罗德二世

继任者与法国国王之间的等级划分愈加明显。事实上，1180年法国国王腓力二世·奥古斯都登基时，他的竞争对手亨利二世（Henry II）统治的法国领土比他还多。腓力二世花费毕生精力试

图击破金雀花王朝在法国的统治。

作为对抗金雀花王朝在法国统治的部署,腓力二世将图亚尔公爵(Guy de Thouars)封为不列颠摄政王,命他封锁圣米歇尔山。公元1204年,封锁行动失败,图亚尔公爵杀死圣米歇尔山上奋勇抗争的居民,放火烧掉他们的房屋。大屠杀燃起的火被风吹至修道院,许多建筑被烧毁。腓力二世都意识到这是一场可怕的灾难,作为赔偿,他需要修缮、重建受损建筑。他付给主教茹尔丹(Abbot Jourdain)一笔赔偿金,用以修缮房屋。茹尔丹用这笔钱重建了这座"旷世奇观"。

其实"旷世奇观"的头衔只是用来形容公元1203年至1228年建造在修道院北部的建筑群,它们面朝大海。这些建筑由来自内陆的菱形花岗岩建成,建筑群包括最底层的赈济院、地窖,往上是骑士厅、餐厅,最顶层是教徒宿舍与修道院。

沧海桑田,矗立在潮汐滩涂上的圣米歇尔山并不需要特殊防御,直到英法百年战争打破这里的平静。英法百年战争时期,岛屿四周环绕堡垒,修道院也加强防卫。这些防御设施不是摆

▲ 回廊是修道院建筑艺术中的精品

▲ 1180年亨利二世统治的法国领土比腓力二世还多

▲ 圣米歇尔山在贝叶挂毯中的形象

设，它们作用甚大。

1520年，修道院最后一次大修，晚期哥特式唱诗席建成。一切刚刚好。1523年，法兰西国王弗朗西斯一世（Francis I）授予出身高贵的让·勒维纳（Jean le Veneur）修道院主教职位。这一任职填补了修道院主教的空缺，也为修道院带来一笔财富。让·勒维纳及之后的继任者最大限度地利用职权，为修道院奉献。法国大革命时期，教徒依旧各司其位，几乎无人逃难。但之后反教权主义人士情绪高涨，政府最终关闭修道院，将其改成监狱。监狱被重新命名为"自由山"，几乎无人反对。囚犯们需要用巨轮马车将物资运上山顶，马车、铁链与斜坡至今依然可见。

腓力二世付给主教茹尔丹一笔赔偿金，用以修缮房屋。茹尔丹用这笔钱重建了这座"旷世奇观"。

圣米歇尔山景点

我们将带领您参观这处中世纪世界奇迹

圣米歇尔山修道院

这座主体是罗马式、顶层是哥特式的三层建筑建在圣米歇尔山的一处岩石之上,结构包括地窖、会客厅、餐厅、修道院等。从北看,可以体会到为何在某些角度修道院可以使圣米歇尔山看上去坚不可摧。

尖塔与雕像

高耸入云的尖塔最为人所熟知。事实上它的建造日期很新,1896年负责重建修道院的建筑师维克托·珀蒂格朗(Victor Petitgrand)修建了它。伊曼纽尔·费密尔(Emmanuel Fremiet)雕刻了米歇尔像,并将它伫立在尖塔顶部。1982年它多次受风暴损毁。尖塔修缮工作完工后,雕像最终被直升机吊上塔尖,回到原位。

回廊

教徒可以在回廊里穿行、冥想,回廊中心是露天花园。四周廊柱环绕,形成廊中有廊的布局,廊柱排列错落有致,形成梅花形格局。

修道院

修道院前面的空地上曾经有一座教堂。另外三排柱子从中殿向外延伸,填满了空间,但当前面的第二座塔楼在1776年倒塌时,当局意识到他们必须减轻修道院的重量才能拯救它。中殿被缩短,修道院的正面被重建。

骑士厅

1469年,法国国王路易十一(Louis XI)为圣米歇尔山配备了一支骑士团,这样这座修道院就成为他麾下的一座教堂。但路易十一不可能真的从巴黎派骑士团来镇压这座修道院,所以骑士们从未使用过骑士厅。事实上,这间房子被挂毯分隔成不同区域,供教徒在此祷告。

主教奥伯特的礼拜堂

拉沙佩勒圣奥伯特是建于8世纪的一座小型礼拜堂,坐落于小岛外部一处裸露岩石上。潮落时是最佳参观时间,沿着小岛环绕一周,欣赏美景。传说这块裸露岩石是从山顶掉落,被一个孩子推到这里的。

城墙垛

15世纪,教徒建造堡垒用以抵抗英国入侵。从小岛入口到整个小镇,再到修道院的外墙,遍布防御塔。

1863年以前，这里一直是监狱，之后包括维克多·雨果（Victor Hugo）在内的法国作家发起行动，认定这是一处纪念遗址。被改造成关押囚犯的监狱后，这里急需修缮。作为修缮工作的一部分，人们将尖塔矗立在修道院顶部，在尖塔顶部放上米歇尔雕像。

　　人们担心通往小岛的路堤与桥梁会被淤积的泥土淹没，到时圣米歇尔山将与内陆连成一片。2014年重修路堤，人们在路堤之上建了一座桥，这样潮水可以从桥下通过。潮水涨到特定高度会淹没桥梁，圣米歇尔山重新变回小岛。

▲ 或许观赏圣米歇尔山的最佳时间是涨潮时，那时的小岛看起来遥不可及

解码马丘比丘

王国、高级祭司、圣女、木乃伊、财富——马丘比丘的历史令人着迷。难以置信的是，时至今日这处遗迹依然迷雾重重

作者：莫琳·桑杜奇

高山草甸之上，丛林笼罩之中，印加古城遗迹马丘比丘成为越来越多人的必打卡景点。这处古代遗迹从西班牙入侵之中幸存下来，是现今保存最完好的印加建筑群，同时也是印加人高超建筑技艺的完美体现。但它也为世人留下无数疑点等待解答。古城为何而建？城中住着什么人？他们是如何建造出这些技艺精湛、堪称完美的建筑物的？

印加文化始于1100年或1200年，失落于1532年西班牙入侵之后。印加人首先占领今秘鲁，在印加帝国君主帕查库蒂（1438—1471年在位）治下不断扩张，之后的印加帝国统治着包括今天厄瓜多尔、秘鲁、玻利维亚、阿根廷及智利部分土地。

马丘比丘大约于15世纪中期建成，人们普遍认同这个时间点。建造这座城的人也已确认，现在的问题是这座城为何而建？印加人没有文字记录，他们用一种名叫奇普（quipu）的结绳记事法来计数或记录日常。目前尚无证据表明这些奇普记录下了史实，或许也可能是因为经过这么多年，这些奇普早已腐烂，留存甚少。

没有文字，西班牙侵入之前的印加历史一片空白。我们所知的印加历史都出自西班牙或者同时会西班牙语与盖丘亚语的作家笔下。并且，这些作者笔下的故事通常取自口述传说，代代相传，这些传说或许早已面目全非。

秘鲁人类学家卡洛斯·贝劳查加（Carlos Velaochaga）主攻人类文化学，过去30年他一直在

✳

印加人口口相传的神话与传奇可能会为我们提供一些线索。

✳

云中建城

今天矗立在山脊上的马丘比丘城，在古时建造它或许可行。山脊周围充斥着大量花岗岩石，印加人用石头建了一座城，只有屋顶是用其他材料。最令人惊叹的是印加人用高超技艺，在不使用砂浆的情况下建造了这座奇绝坚固的石头城。今天，我们没有办法模仿他们，复制出相同建筑。

游览这座古城时，最令人惊叹的是城中岩石的规模。这座古城位于库斯科城之上的萨克塞瓦曼，城中的一些岩石大约有20吨重。更神奇的是，整座城的岩石未使用任何金属工具切割、塑形。

人们认为印加人用绳索与圆木将岩石运往工地。根据需求，印加人用不同的技术切割、塑形岩石。他们用水与火切割岩石，用凿刻将岩石打造成想要的形状。每块岩石都受到精心裁切，所以都能严丝合缝地垒在一起。

近几年人们发现，古城的大部分建造工作其实是在山脊之下完成的，这样建造质量更高，也更利于排水。事实上，印加库斯科城的城墙坚固异常，地震曾经摧毁这片土地，但印加城墙依然耸立。

1911年
彼时&此时

印加人没有文字，他们用奇普记录日常。

▲ 16世纪西班牙侵略者来到秘鲁，趁阿塔瓦尔帕国王与瓦斯卡尔内乱之际，夺取统治权。本图描绘了西班牙人火烧阿塔瓦尔帕

安第斯山脉的印加统治地区探索，他相信："印加人口口相传的神话与传奇可能会为我们提供一些线索。尽管是寓言故事，但其中可能隐藏着一些重要线索。"

属于自己的结论

所以，这些线索现在能告诉我们什么？我们能从中知道这座城市建造的原因吗？尽管尚无答案，但这些寓言故事或许可以让我们从中得出属于自己的结论。

将目光转向马丘比丘的考古遗存，我们可以确定一件事，那就是西班牙人从未进入过这座古城，1911年海勒姆·宾厄姆（Hiram Bingham）来此地考察时，发现这座古城完好

▲ 海勒姆·宾厄姆，1911年发现马丘比丘，这处世界新发现点燃了人们的好奇心

▲ 这座醒目的桥是印加遗迹的一部分，是每位前往马丘比丘的游客的必经之路

无损。由此可以确认，是城民主动遗弃了这座城市，其中原因有待解答。

大约公元1471年，帕查库蒂国王逝世，之后他的儿子托帕·印加·尤潘基与孙子瓦伊纳·卡帕克（Huayna Cápac）按序继承王位。瓦伊纳·卡帕克的去世进一步引发了他的两个儿子之间的对抗，瓦斯卡尔（Huáscar）接手库斯科城，阿塔瓦尔帕（Atahualpa）统治北部一直到厄瓜多尔的基多地区。这场内战损耗了印加帝国的实力，为西班牙入侵并占领整个帝国提供契机。

经过艰难的共存后，西班牙人最终占领了库斯科城，国王曼科·印加（Manco Inca）逃离国家，藏匿在比尔卡班巴，并在那里建造了最后一处军事要塞，他坚持了8年，最终被西班牙人打败。

重新探索城市

1911年，海勒姆·宾厄姆开始寻找失落古城比尔卡班巴。海勒姆发现了一系列隐藏在丛林深处的废墟，尽管此处距离比尔卡班巴的实际位置尚远，但海勒姆当时认为自己找到的就是比尔卡班巴，后来他意识到这是一个完全不同的地点，即马丘比丘。但海勒姆不是第一个发现马丘比丘的人。本地人早已知道马丘比丘，库斯科国立大学校长阿尔伯特·吉塞克（Albert Giesecke）曾告诉过海勒姆有关马丘比丘遗迹的信息。

1867年，一位名叫奥古斯托·伯恩斯（Augusto Berns）的德国人也知道了马丘比丘，同年，德国工程师赫尔曼·戈林（Herman Göhring）绘了一幅地图，图中显示了马丘比丘与华纳比丘。1875年，法国旅行家夏尔·威纳（Charles Wiener）在一部著作中也提到了这两处地点。只不过，是海勒姆的研究让世界知道了这片土地。

海勒姆的出发点是探索这座城市为何而建。他发现了许多木乃伊，运用科学技术探测，证实这些木乃伊大部分是女性。这印证了她们是"太阳之女"的传说，印加人相信她们是太阳的女儿，并让她们代表王国献祭。他得出第一个关于古城建造功用的推测：为了某些宗教目的。

另一个证据是古城中有几处神庙重见天日（可以通过建造神庙的岩石识别建筑物的用途）。印加人用花岗岩建造他们的城市，不同用途的建筑使用不同的建造技艺。最好的技艺要用在最神圣、最崇高的神庙与宫殿上。当时，因为人们将国王奉为神，神庙与宫殿神圣庄严，彼此地位平等。古城中最完美的建筑是用大块花岗岩垒成的，并且没有使用任何金属工具打磨。这种岩石石英含量超60%，坚硬无比。这些石块形制恰到好处，石块之间无需砂浆也能牢固地彼此贴合。今天的我们即便使用相同的原料也依然无法复制还原当时的建造技艺。

就算这些石头没有贴上标签，当漫步在马丘比丘，也能感受到这些建筑的神圣。不是所有建筑都是高规格的，也会在古城中看到一些规格没那么高的建筑。多多留意古城中的建筑规格，能体会那时的社会结构完全按阶级划分。站在太阳神庙前，这样的体会最明显。太阳神庙优美的曲面墙，与下面城区建筑形成鲜明对比。

尽管经现代技术检测后，科学家表示海勒姆发现的木乃伊中男女比例相当，不是他之前说的全是女性，但他对这座古城的宗教认知是对的。

其他猜测：这座古城是行政中心、皇家庄园或者皇家陵墓，也不无道理。

国王帕查库蒂喜欢在他征服过的地方建房屋。马丘比丘之前，他在皮萨克以及库斯科城外圣谷中的奥扬泰坦博建造了房屋。成功征服当地部落后，他在马丘比丘建城就能理解了。

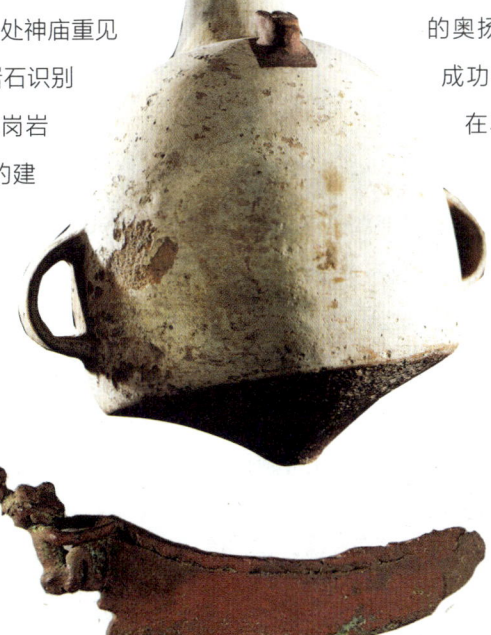

◀ 芬芳油瓶（上图）与铋青铜匕首（下图）是古城中发掘出土的两个印加珍宝

▲ 从空中俯瞰马丘比丘城带来新的视觉体验,这座城规模可观

印加圣迹

约伯·奎瓦·卢卡纳(Yieber Cueva Lucana)是一名职业导游,在库斯科城及周围地区工作了超过12年。与贝劳查加一样,他也发现听家族中流传下来的传说故事(他成长于一个说盖丘亚语的家族中)比他当导游学到的知识还多。"看看马丘比丘的建筑,很容易就能发现,印加人把宗教放在首位。首先,高山环抱着古城,而这片山就是印加人心中的山神阿普(Apus),它守护着这片土地。"

"每个来到这里的人看到这片土地都会产生敬畏之心。别光照相,放下相机,用眼睛去看。你会从每个角度看到震撼的山峰。"

"然后,往下可以看到乌鲁班巴河。站在一边看,河流像蛇。水是神圣的,这条河就像倒映在乌鲁班巴河谷中的银河,环绕着马丘比丘城,蛇也寓意着吉祥。

"印加人如果决定在这里建城,他们会考虑他们的本神太阳神。游览三窗庙、水镜时,注意留意这些建筑的方位,你会发现三扇窗直面东方,迎接太阳,放置先祖木乃伊的神龛同样面朝东方。"

太阳,至日,城堡

印加人能根据夏至、冬至时太阳的照射路径搭建神庙,这一点很神奇。每年冬至,太阳神庙

线索追踪

马丘比丘建造的原因

考古学遗存、编年史及印加人对过去的记忆,拼凑出了马丘比丘建造及最终被遗弃的原因。人们普遍认为这里是帕查库蒂的庄园。但印加人很务实,他们不会单凭一个目的就建一座城。会不会有别的推论能证明这座城市的建造另有其因,目前尚未可知。

宗教中心
宾厄姆发现木乃伊后,第一时间研究发现这些木乃伊都是女性。印证了"太阳之女"的传说,加上马丘比丘有许多神庙遗迹,这座古城的宗教意义不言而喻。

保护水源
尽管我们认为马丘比丘的地理位置偏远,但在那时,它处于几座小镇相交的中心,临近一些敌对部落,它坐落的位置可能有战略意义。

王室庄园
那时的印加国王拥有自己的私人庄园并不奇怪。作为印加最伟大的君主,帕查库蒂下令为自己建造一座宏伟庄园尚在情理之中。

▲ 马丘比丘皇家陵墓内部遗迹

皇家陵墓
也有人认为,这处皇家私人庄园最终成为皇家陵墓。西班牙编年史家胡安·迭斯·德贝坦索斯(Juan Diez de Betanzos)认为帕查库蒂的最终归宿事实上在库斯科城。

马丘比丘为什么被遗弃?

可能因为城内居民感染了西班牙人携带的疫病;或者因为西班牙人阻挡,物资运送不进来;又或者城内居民遗弃这里就是为了不让西班牙人找到它。

有目的的遗弃
鉴于这座古城有某种宗教意义,一旦西班牙侵略者到来,它就可能被遗弃,这样可以使其免受征服者的破坏。也有可能是帕查库蒂逝世后,城民纷纷离散,整座古城空无一人。

物资短缺
尽管马丘比丘种植粮食,但要供应城民的日常所需,可能尚显不足。西班牙占领库斯科城后,通往古城的物资供应通道被切断。

关键线索

大部分文物都是在王室庄园中发掘出土的日常用品。事实上，是马丘比丘古城建筑本身，以及城中几处遗迹为我们提供了诸多线索，帮助我们找到这座古城建造的原因。我们在以下几处有所发现：

线索5

皇家宫殿

可以从岩石建筑的规格及不远处的太阳神庙看出这是一座专供王室成员居住的房屋。将其与古城中的其他房屋相比，社会等级差异体现得淋漓尽致。

三窗庙

这三扇窗可能与安第斯山区的三个地界有关：地狱、人间，以及天界。它们排成一列，对应死亡、生存与未来。

线索1

大广场

城市入口

线索4

涌泉

这些复杂、惊人的水利系统将水从山上引至山下的古城，穿过地下管道，通往城中16座涌泉，具有某些宗教意义。

水镜 线索3

太阳神因蒂、月亮神基利亚代表庄稼丰收、农民收获满满。在西班牙文化中,在石头上挖一个圆洞是用来放置武器的,但人们认为地面上这两个圆洞盛满水能反射银河,在某种程度上具有天文学意义。

神鹰庙 线索2

这处遗迹代表神圣的安第斯山神鹰,运用岩石的天然纹理勾勒出这一伟大作品,岩石的曲线是神鹰的翅膀,体现了印加人对大自然的尊崇。印加人在这里举行私人祭祀。

梯田

·089·

的一扇窗与拴日石的一个角落都会精准"拴住"阳光。太阳神庙的另一扇窗直面太阳门,夏至时阳光精准洒进太阳门中央。

毋庸置疑,马丘比丘也是国王帕查库蒂的一处皇家庄园,建于他在位时期,用来作为王室在库斯科城及周边地区的私人宫殿。西班牙人的记载中曾提到帕查库蒂的后代曾主张对"Piccho"的所有权,人们相信"Piccho"指的就是马丘比丘。

马丘比丘城中有一处皇家陵墓。事实上,"皇家陵墓"这个名称以及这处遗迹的用途是海勒姆自定的,不一定就是史实。帕查库蒂的木乃伊并没有放置在内,有记载显示西班牙人在库斯科城发现了他的木乃伊。人们目前尚未找到他最后的长眠之地。

抛开所有的不确定,继续研究,每个新发现都能让我们对马丘比丘的认识更近一步。不仅是考古遗迹,秘鲁首都利马保存的诸多档案也提供了诸多线索,尚待研究。同时,尽管马丘比丘每年游人如织,依然可以在古城中找到一条属于自己的路,那一刻仿佛时光倒流,回到古印加时期。或许,对现实认识的越少,想象的空间就越大。

▲ 身着秘鲁传统服饰的孩童眺望远处的马丘比丘古城

马丘比丘的地理位置意味着天气变幻莫测，所以游览前需要做好万全准备

从上往下看太阳神庙，这里是马丘比丘最负盛名的景点

印加人如何生活？

我们对印加人日常生活的知识大多来自西班牙侵略者留下的文字。这些文字是基于印加人口口相传的神话，以及人们的直接发现。

神龛

宗教在印加人生活中不可或缺，房屋墙壁会留有空间放置类似这样的神龛。

火

石头屋最重要的是保温，印加人屋内正中心可能生着火。火焰如太阳般神圣。

屋顶

马丘比丘古城中房屋的屋顶由稻草与牧草覆盖而成，运用某种粘连技术，将这些草与房屋外墙连在一起。沧海桑田，现在这些屋顶早已了无踪迹。

台阶

马丘比丘石头城中最令人赞叹的景观之一就是由单块石头垒成的台阶。

▲ 献祭刀

亨利八世的六位妻子中有四位曾经生活在这座宫殿中

亨利八世的汉普顿宫

作为都铎王朝时期最富丽堂皇的宫殿，在动荡中，它见证了这位君主的数次婚姻

作者：伊丽莎白·诺顿

▲ 亨利八世，汉普顿宫流传着他的事迹

▲ 亨利八世第一位王后阿拉贡的凯瑟琳

亨利八世的锋芒盖过了都铎王朝，令人惊讶的是，他拥有超过60处宫邸，只有少数得以留存至今，其中最有名的莫过于他生活过的汉普顿宫，在他统治时期，这座宫殿里上演了无数戏剧。去汉普顿宫走一走吧，感受一下这位都铎王朝第二位英格兰国王在位时期的时光。

尽管亨利八世与汉普顿宫齐名，但他却不是建造这座宫殿的人。1236年，圣约翰医院骑士团占领这座宫殿。14世纪早期，宫殿被护城河环绕，可能还建有一些建筑，包括宴会厅与礼拜堂。尽管也有目光如炬的游客有时会在钟庭中心区域的岩石上发现小小的马耳他十字架记号（骑士团的标志），但骑士团建造的建筑早已荡然无存。

1514年，红衣主教托马斯·沃尔西（Thomas Wolsey）买下这座庄园，他将这里改建成了奢华宫殿。沃尔西是伊普斯威奇一名屠夫的儿子，在教会中步步高升，最后成为亨利七世的私人神父。他机智精明，15岁取得了牛津玛德兰大学文学学士学位。亨利八世注意到沃尔西的才干与政治智慧，1509年亨利八世继位后，他迅速任命沃尔西为他的宫廷司铎。

沃尔西发现这位新任君主吃不了苦，随即接手了王国里大部分跑腿事务。国王越发离不开他，并赐予他一系列奖赏。沃尔西在1513年2月被任命为第一任约克首席牧师，1514年2月被任命为林肯主教，同年被任命为约克大主教。1515年9月他成为枢机主教，同年任英格兰大法官。

1514年沃尔西购得汉普顿宫时达到了人生中的权势巅峰，他用金钱将这座宫殿打造得富丽堂皇，使其成为当今最著名的所在。

这座宫殿用红砖筑成,现在成为都铎王朝的象征,同时也是当时宫廷建筑最高代表之一。沃尔西建造了宫殿大门,今天游人依然会由此经过。19世纪时因为担心太高不安全,所以将大门的高度降低到现在的五层楼高。尽管这座宫殿建成环绕形状,城墙建得像堡垒,但这里从来没用作军事防御。沃尔西的汉普顿宫是一处豪华舒适的度假区。

走进汉普顿宫,会首先来到宫苑,这里是宾客的寝宫。这处建筑接序排列,外观造型完好,保存至今。内部是40间双人卧室,每间配备衣帽间。沃尔西专门为亨利八世与阿拉贡的凯瑟琳王后,以及他们唯一幸存的小女儿玛丽一世(Princess Marry)准备了舒适的寝殿。

在沃尔西的房间中可以感受这位枢机主教的气息及那份奢侈。他的房间墙壁由奢华的折巾样式嵌板装饰,看起来就像衣服的皱痕。宫苑顶层还有一排房屋,现在陈列着亨利八世年轻时的物品。

尽管沃尔西总是爱强调他的一切都属于亨利八世,他只是一名无名小卒,但1522年,谣言还是传开了,尽人皆知他在汉普顿宫奢华无度,

▲ 2003年,人们在宫殿防火阶梯上拍到的"骷髅王魅影"

▶ 凯瑟琳·霍华德在汉普顿宫被捕。之后"她"多次出现在都铎王朝闹鬼画廊

汉普顿宫"魅影"重重

汉普顿宫历史悠久,偶尔有些魅影传说也不意外,过去宫中的一些居住者被迫离开,或许他们的灵魂偶尔会光顾这里。现在汉普顿宫也有定期夜间寻访"魅影"的旅行团,专为那些胆子大、想置身幽灵故事的人准备,一些游客反映宫殿中的某些地方气氛很诡异。汉普顿宫的某些魅影早已闻名遐迩,另一些则是最近才出现的。

凯瑟琳·霍华德王后

汉普顿宫最有名的"魅影"当数亨利八世的第五位妻子凯瑟琳·霍华德(Catherine Howard),她以通奸罪遭斩首,有传闻"她"多次出现在都铎王朝闹鬼画廊,她做惊叫状,想要接近她的丈夫,尽管一切只是徒劳。人们第一次目击到"她"是在维多利亚时代,画廊中的气氛令人胆寒。1999年,两名游客彼此相隔不远,昏迷在画廊中"她"出现过的地方。

西比尔·佩恩(Sybil Penn)

另一位"魅影"是灰夫人西比尔·佩恩,她抚育过亨利六世(Henry VI)。1829年人们第一次看到"她",当时整座宫殿都能听到神秘怪音。人们移开宫殿中的一面墙,在墙内发现了纺纱机。2015年,两名女学生声称拍到了"她"在宫中飘荡的照片。

骷髅王(Skeletor)

人们在汉普顿宫中最新目击到的"魅影"身份尚未可知。2003年,警卫处接到命令关闭宫殿内钟庭处的防火门。随后检查闭路电视监控系统时发现,一个身穿17世纪长袍的"魅影"正推开防火门向外走。一名游客也声称在同一地方看到过"他",许多游客觉得那个地方很诡异。

▲ 亨利八世的人生与汉普顿宫密不可分

以至于诗人约翰·斯凯尔顿（John Skelton）写道：

你们为什么不上法庭？
什么法庭？
国王的法庭？
还是汉普顿宫？
不，是国王的法庭！

国王的法庭，
应该很奢华，
但汉普顿宫，
也很奢华！

许多人持相同观点，特别是反对沃尔西的安妮·博林（Anne Boleyn）。

1527年，亨利八世认为自己"无可救药地爱上了她"，这个她指的是外交官托马斯·博林（Thomas Boleyn）的女儿安妮·博林，亨利八世不顾一切想娶她为妻。当时亨利八世已与阿拉贡的凯瑟琳结婚近20年，但凯瑟琳王后一直未能为他诞下王子。亨利八世让沃尔西与教皇交涉，希望教皇能批准他与凯瑟琳王后离婚。他相信这位大法官能像做其他事一样轻松解决这件事。

国王的希望最终落空，凯瑟琳有强大盟友，包括侄子神圣罗马帝国皇帝查理五世。他不同意教皇批准他们离婚，沃尔西的努力全部白费。与此同时，"夜鸦"（沃尔西给黑发安妮·博林取的别名）不断在亨利八世耳边说沃尔西的坏话。他的信誉不断下降，沃尔西不得不用汉普顿宫与国王的里士满宫交换，以挽回国王对他的些许好感。不久，他被革除了约克大主教以外的所有职务，1530年被指控犯有叛逆罪。

与沃尔西类似，亨利八世想在汉普顿宫里留下一些属于自己的印迹，1529年至1538年他下令开始翻新工程。这位多情君主在当时最富丽堂皇的宫殿内过着舒适生活。庄园内设有网球场与保龄球场，亨利八世还在其中建造了一座面积超过445公顷的公园，满足他的狩猎需求，宫殿内建有地下管道系统，主管道长度超过5千米。

▲ 卡塞尔的《图解英格兰史》（Illustrated History of England）中的红衣主教托马斯·沃尔西

▲ 亨利八世为了给安妮·博林一个舒适环境，花费大约 1800 万英镑翻新汉普顿宫

亨利八世在这座宫殿内迎接一些重要客人，包括各国大使与达官显贵。例如，1546 年 8 月，他用 6 天时间在宫殿内接待了法国大使，一行的还有超过 1500 名侍臣与其他宾客。汉普顿宫这样的规模也容纳不下这么多人，为此，国王为他们搭建了黄金、丝绒装饰的帐篷。

都铎厅很大，但最精美的莫过于始建于 1530 年的都铎厨房，位于宫苑附近，厨房内一次性可容纳超过 600 人同时进餐。厨房总是热火朝天，常年生着可以烤肉的大火，面包烤箱、炖锅、储藏间应有尽有。如果足够幸运，游览时能看到厨房里进行的都铎时期厨艺表演。

汉普顿宫的大厅，今天依旧可以参观，其中一间房子现在用以展示都铎时期装饰式样。大厅位于一楼，是日常生活的核心区域，人们在这里宴饮、享乐。1603 年圣诞节，威廉·莎士比亚（William Shakespeare）主要供职的国王剧团在这里上演过《詹姆斯一世》（James I）。最早，年轻时的亨利八世在这座大厅习奏乐器、举办宫廷面具舞。

大厅装饰着描绘亚伯拉罕故事的挂毯，厅内还装饰着维多利亚时期的彩绘玻璃，玻璃上绘制着亨利八世与他的六位妻子，向人们展示着这位君主的复杂婚姻。大厅内尽头的一处门廊上雕刻着阿拉贡的凯瑟琳王后的石榴徽章，仿佛是在提醒亨利八世，这是他抛弃的第一任妻子。顶部的橡木悬挑天花板上悬挂着安妮·博林的加冕猎鹰徽章，挂在高处，这样亨利八世就可以忽略这位被他抛弃的第二任妻子。

前往大厅的阶梯同样连接着"安妮·博林的

1527年，亨利八世认为自己"无可救药地爱上了她"，这个她指的是外交官托马斯·博林的女儿安妮·博林。

大门"，如果从这里一直望向天花板，可以看到亨利八世与安妮·博林在后者加冕猎鹰徽章时前前后后的故事场景。大厅上方有大观察室，皮革圆盘装饰着室内天花板。出于保护原因，一些圆盘被收藏起来，只有很少一部分保留在原位。圆盘之上是凤凰徽章，象征着亨利八世的第三任妻子珍·西摩，她的盾形徽章与姓名首字母装饰在大厅靠近主厅门的地方。

阿拉贡的凯瑟琳与安妮·博林的徽章在大厅内十分罕见，而珍·西摩的徽章依旧展示在大厅内显眼的位置，接受众人瞩目。因为第二任妻子

安妮·博林未能诞下王子，亨利八世逐渐失望，为了迎娶第三任妻子珍·西摩，1533年亨利八世与罗马决裂。亨利八世与安妮·博林结婚3年后，安妮·博林因犯下私通罪被捕，1536年5月19日亨利八世下令将她幽禁于伦敦塔。第二天，亨利八世与珍·西摩订婚，几天后正式结婚。

安妮·博林曾下令在汉普顿宫卧室内配备衣帽间，但珍·西摩才是第一位享受王后寝殿的人。穿过都铎厅，第三个绿色回廊庭院内，就是国王与王后的寝殿。不幸的是，17世纪90年代，包含大部分都铎王朝时期王室寝殿的庭院

被毁，人们在遗址上修建了喷泉院，这处喷泉院至今依然可见，它是克里斯托弗·雷恩爵士（Sir Christopher Wren）的巴洛克式建筑作品。2014年至2015年，人们在宫殿内挖掘时发现了王后寝殿的殿基，除此之外未有任何遗存。

尽管这些王室寝殿毁于17世纪90年代，但它们代表了16世纪30年代的建筑高峰，王后寝殿包含一处大型艺术画廊、卧室、枢密室、会客厅，以及观察室。王后主要在这些房间内生活。

即将分娩的前一个月，王后会搬出原住处，另寻一处隐秘的地方与侍女们一起等待孩子降生。1537年7月16日，珍·西摩选择汉普顿宫作为她的待产室，亨利八世与侍者们住在临近的伊舍。

1537年10月9日王后开始阵痛，平稳度过孕期后，分娩过程漫长且惊险。10月11日，她还是没有分娩，伦敦举行了一场庄严游行，祈祷王后顺利分娩。有传言称亨利八世直接下令对她施行紧急剖腹产。最终，10月12日王后终于诞下婴儿。每个人都分外欣喜，是一位小王子。

等了将近30年，亨利八世终于迎来了一个健康的儿子，他决定在皇家礼拜堂为爱德华王子举行盛大洗礼。10月15日珍·西摩王后穿上毛皮衣对抗寒冷空气，穿过王室寝殿，来到礼拜堂的回廊，与丈夫一起等待侍从将爱德华王子抱进来，英格兰的所有权贵政要都前来观礼。小王子同父异母的姐姐玛丽一世是他的教母，王后的弟弟抱着4岁的伊丽莎白一世也参加了这场典礼，她是小王子的另一位同父异母姐姐。

洗礼之后，爱德华王子回到离礼拜堂不远的

▲ 众所周知亨利八世辜负了克里维斯的安妮王后

▲ 珍·西摩在汉普顿宫诞下了亨利八世唯一的儿子

▲ 人们通常将汉普顿宫的正面建筑作为主要景点，但宫殿内的其他建筑也值得一看

安妮·博林因犯下私通罪被捕，1536年5月19日亨利八世下令将她幽禁于伦敦塔。

寝殿。寝殿就位于礼拜堂之后。遗憾的是，这些建筑现今已用作办公室，不对外开放。

对于小王子的母亲，出席洗礼是她最后一次公开活动。她看起来恢复得不错，但10月16日她患上了产褥热。尽管首相托马斯·克伦威尔（Thomas Cromwell）责骂王后的侍女，因为她们让王后"染上风寒、不注意忌口，最终生病"，但珍·西摩似乎染上的是产后常见并发症。她生病期间，亨利八世留在汉普顿宫，10月24日他曾想返回伊舍，因为他"找不到留下来的理由"。

珍·西摩王后已无恢复的可能，诞下小王子后仅12天，她在一个夜晚静静离世。

她死后，人们对其遗体进行了防腐处理，并为她举行了严肃的祷告仪式。11月1日万圣节这一天，人们为她穿上黑袍，抬着她的遗体穿过画廊、走进皇家礼拜堂。她躺在皇家礼拜堂的灵柩内，祷告仪式持续进行。在那里安放了12天后，她最终葬于温莎堡的圣乔治礼拜堂。

汉普顿宫也见证了亨利八世与凯瑟琳·霍华德的第五次婚姻。亨利八世与克里维斯的安妮王

▲ 亨利八世的最后一任妻子凯瑟琳·帕尔，她比亨利八世晚一年离开人世

后的第四次婚姻仅维持了6个月，1540年，亨利八世迎娶年轻的凯瑟琳。接下来的一年应该是这对夫妇的蜜月期，但实际上，这位新任王后没有想象中纯洁。

大主教托马斯·克兰麦（Thomas Cranmer）得知王后婚前曾与两名男子通奸，他随之写信将此事告诉国王。亨利八世震惊不已，起初不愿相信。后来，通过调查，他不得不相信这是真的。1541年11月4日，警卫们撞开王后寝殿大门时，凯瑟琳王后尚在练习舞步。逮捕王后之前，警卫们高呼："没时间跳舞了！"她在汉普顿宫停留了一周，之后被转移至锡永宫，再之后被幽禁于伦敦塔。1542年2月13日，凯瑟琳被处刑。

▲ 亨利八世与珍·西摩及爱德华王子的画像

▲ 16世纪中期匿名画家笔下的爱德华六世与教皇

第五次婚姻的血腥结尾并未打消这位君主对婚姻的念想。1543年7月12日,他抵达汉普顿宫王后寝殿内的枢密室。在这里,他迎娶了结过两次婚的寡妇凯瑟琳·帕尔(Catherine Parr)。新任王后并不情愿嫁给他,一开始她反对这桩婚事,但很快,她同意了,她说服自己相信这是神的旨意。

亨利八世的第六次婚姻低调许多。与前五次婚姻不同,这次他想要长长久久。凯瑟琳·帕尔是亨利八世唯一一位结局圆满的王后,但比起她,她的丈夫及五位前妻的传奇故事、他们在汉普顿宫内的生活,都更吸引今天的游客。

亨利八世之后的汉普顿宫

亨利八世逝世后,凯瑟琳·帕尔秘密与西摩男爵一世托马斯·西摩(Thomas Seymour)结婚,此举激怒了爱德华六世的护国公以及托马斯的兄弟。与继子以及法庭关系破裂后,在她搬去位于格洛斯特郡的休德利城堡之前,她在切尔西与汉沃斯分别归还了王后珠宝。1548年9月5日,她诞下唯一的女儿后逝世。

亨利八世逝世后,汉普顿宫依旧作为王室宫殿存在。威廉三世(William III)与玛丽二世(Mary II)共主时期,这两位君主对这座乡间建筑格外感兴趣。尽管不喜欢这些早已过时的建筑风格,但他们依旧频繁于此停留。

这对夫妇令克里斯托弗·雷恩爵士拆除旧有建筑,重新建造一座宫殿。然而,由于缺少资金,他们最终同意仅将王室寝殿翻修成巴洛克式建筑。

1689年5月翻修工程开工,但直到1694年玛丽二世逝世,翻修工程依旧未完工。短暂停工后,威廉三世下令新宫殿与花园景观尽快完工。今天威廉三世的寝殿对外开放,但1702年国王逝世时,工程还在进行,一切都留给了安妮女王(Queen Anne)。

遇见泰姬陵神迹

这座陵墓属于莫卧儿王朝第五代皇帝沙·贾汗已故皇后阿姬曼·芭奴，它不愧为世界文化遗产"瑰宝"

作者：约翰·曼

每年有超百万游客慕名来到泰姬陵，来过的人都不禁想问，泰姬陵什么时候最美？是黎明东方的第一缕朝阳洒向穹顶之时，还是正午这座大理石建筑透出清凉之时，抑或是日暮晚霞为穹顶染上一抹红之时？答案或许是夜幕时分，月光映照整座陵墓，水面倒影浮显。

泰姬陵是公认的建筑艺术奇葩，它不仅是莫卧儿王朝第五位皇帝沙·贾汗为纪念自己的已故皇后阿姬曼·芭奴，即穆姆塔兹·玛哈尔（Mumtaz Mahal）而建造的陵墓，它还是一座清真寺，一座乐园，一座代表皇权与荣耀的纪念堂。泰姬陵因何有如此大魅力？

▲ 泰姬陵的 4 个对角分别矗立着 4 座宣礼塔

史官穆罕默德·阿明·卡兹维尼（Muhammad Amin Qazwini）写道，1631年穆姆塔兹·玛哈尔皇后去世后，沙·贾汗皇帝决定为她建造一座世界上最美丽的陵墓，"一座永恒瑰宝"。来自波斯的皇家建筑师详细制订了建造计划。毫无疑问，热爱建筑装饰的沙·贾汗密切参与了全程，甚至他本人可能就是首席设计师。这不是世界上第一座陵墓，但比起其他木质结构的陵墓，这座拥有花园、宣礼塔及穹顶的陵墓无疑是华丽的。泰姬陵的每一面都饱含深意：爱情、宗教与政治。

正如今天的游客所见，泰姬陵伫立在千回百转的亚穆纳河（也称贾木纳河）南岸。这一位置并不完美。首先，弯曲的河岸堤坝要能够抵挡河水不断侵蚀，为此工匠们在河床上挖出地基，向内填满碎石和灰泥，并于上面搭建石柱，用拱桥相连，再在之上铺设石板做地基，地基上建起保护泰姬陵的高墙。泰姬陵建在远离洪水的平台上，双层砖墙外覆盖一层白色大理石，更加牢固。

约两万名工匠参与了大理石的制作与运输工作，装着大理石的马车从距泰姬陵西部325千米的拉贾斯坦邦马克拉纳运来。大理石表面刻有浮雕，还镶嵌着28种产自不同地区的宝石。碧玉、石榴石与钻石来自印度，其他包括伊拉克红宝石、中国西藏绿松石、也门玛瑙、红海珊瑚，以及波斯黑玛瑙与紫水晶。

历时16年，泰姬陵于1648年大体建成。陵墓外墙的大理石砖被人们揭下，爱民的沙·贾汗皇帝随即下令揭下的砖块不必归还，这座闪耀的建筑已准备好迎接他的爱妻。5年后，这座建造了22年的陵墓终于全面完工，具体区域包括：陵墓、清真寺、寝宫、赈济厅、集市、石拱门，以及伊甸园般的花园等。一条十字水渠将花园一分为四，水渠交点是一个大理石砌成的方形水池。每片花园又被十字小径一分为四，合计16个方形园圃。如果站在远处，从石拱门往北看，会看到从花园延伸出来的笔直道路、人行道，以及小河，最终交汇于泰姬陵。泰姬陵倒映在河面，恍如海市蜃楼，无数摄影师为之倾倒。

泰姬陵建在高出河岸的平台上，洪水经过小河与泳池，从其脚下流走，不会伤害它。尽管19世纪时陵园内的开阔区域才开始有草地，但花坛与果树却存在已久，它们是陵园管理员的"酬劳"。陵园南部有供朝圣者休闲放松的集市、旅馆，面积与花园相当。多年之后这片区域成为城市的一部分。

这座拥有花园、宣礼塔及穹顶的陵墓，无疑是华丽的。

泰姬陵的建筑设计恢宏大气又瑰丽绝美。陵墓建在一个正方形大理石平台上。寝宫平面为八角形，连同平台通高约74米。平台四角各立一座宣礼塔，塔高约41米。陵墓穹顶呈半圆形，装饰精美。最初泰姬陵顶部的塔尖外墙包裹着一层黄金，据说1803年被英国士兵偷走了。

走近看，泰姬陵华丽的外表下处处蕴含细节。进入泰姬陵，四周内墙刻满浮雕装饰（一种来自意大利佛罗伦萨的马赛克饰面工艺），其间镶嵌耀眼宝石。它就像一本百科全书。红色代表士兵与皇帝，白色代表纯洁、高贵，花卉代表莫

▲ 沙·贾汗皇帝的梦想经由精工巧作实现

史上最浪漫的情书

历史记载的泰姬陵的灵感之源来自沙·贾汗皇帝娇艳的妻子穆姆塔兹·玛哈尔。1607年14岁的阿姬曼·芭奴（1628年库拉姆继承皇位，封号沙·贾汗，阿姬曼·芭奴被封为皇后，随即得到荣耀头衔穆姆塔兹·玛哈尔。此时尚未获得荣誉头衔，故使用原名）与15岁的库拉姆订婚。1612年两人举行婚礼，此后携手相伴20余载。对于沙·贾汗皇帝而言，玛哈尔皇后是他的伴侣、密友、同事，是陪他南征北战的人，也是他想要与之共享宫廷奢华生活的人。皇后共诞下13个子女，活下来的只有7个，1631年她再次怀孕。同年6月他们来到距阿格拉约700千米的布尔汉布尔，那里是莫卧儿王朝南部边陲，战乱频发。37岁的玛哈尔皇后一路陪伴丈夫南征。6月17日她生下第14个孩子后因产褥热香消玉殒，沙·贾汗皇帝悲痛欲绝。她的遗体被运回阿格拉，暂时停放在亚穆纳河岸边的一处小型建筑内。一夜白头的丈夫随即开始倾举国之力，为妻子建造安息之地。

卧儿皇权（传说沙·贾汗皇帝治下，印度成为"人世间的玫瑰园"），穹顶代表苍穹。

中央主墓室周围环绕8扇大理石屏风。墓室中央安放着这对皇室夫妇的石棺（衣冠冢），他们真正的安息之地位于石棺之下的墓穴内，不对外开放。石棺大理石与砂石岩表面刻有花卉图案装饰。

尽管泰姬陵最初只接受沙·贾汗皇帝与他的大臣停留，但很快，这里就以其建筑之精美而为世人所知。

莫卧儿王朝受外敌侵扰、战乱不断，建造泰姬陵耗费巨大，国力不济之下王朝开始衰落，但泰姬陵依旧矗立。沙·贾汗逝世后被安葬在挚爱身旁，与她长伴地下。

完美设计

泰姬陵的设计不是来自皇室大臣,很显然这是皇帝本人的杰作,他拥有独到的美学理念。维也纳艺术史研究院研究员艾巴·科赫(Ebba Koch)列出 8 条理念:

● **几何规划**。最终呈现方形布局。

● **南北、东西对称**。与其他君主一样,沙·贾汗皇帝希望通过建筑宣扬皇权,并用对称结构表达他对国泰民安的期望。

● **社会阶级**。陵墓旁建有红砂岩筑成的附属宫殿,它顺从、守护着主体建筑。

● **比例完美**。中央陵墓两旁等距离建有宣礼塔。

● **造型协调**。例如,一根名叫"沙·贾汗柱"(Shah Jahan column)的柱子,一直支撑着一处弧型凹槽。

● **注重细节**。例如,寝宫内墙上刻有《古兰经》经文,使整座建筑从视觉上更加宏伟高大,也更加协调。

● **雕刻自然,特别是花卉**。无论是简单的大理石浅浮雕还是镶嵌半宝石的浅浮雕,看起来都极其真实。

● **象征手法,融合以上所有理念**。白色大理石代表纯洁、高贵的婆罗门(Brahmins);红色砂岩代表刹帝利(Kshatriya)勇士。两者结合宣示着莫卧儿王朝在印度社会及穆斯林心中的地位。花卉代表沙·贾汗皇帝统治下的帝国是"一处平等、宽和的伊甸园",他的统治为印度带来了"春天"。

泰姬陵内部

工艺精湛的泰姬陵,环抱着沙·贾汗的爱妻穆姆塔兹·玛哈尔,是皇权的象征。

装饰

大理石与砖石上雕满花卉,配以宝石镶嵌其中。它们象征着陵墓主人的莫卧儿皇室身份(传说沙·贾汗统治时期的印度是"人世间的玫瑰园")。

穹顶

陵墓穹顶呈半圆形,位于距陵墓平台约44米高处,造型线条简约大气。

宣礼塔

宣礼塔共有4座,它们纤细笔直,高41米,上有3处露台。宣礼塔比陵墓矮,守卫般默默守护着墓主人。

主墓室

穆姆塔兹·玛哈尔与沙·贾汗的大理石棺(衣冠冢)装饰着精美的八廓型浮雕。他们真正的安息之地位于石棺之下的墓穴内。

·112·

八角形建筑

原本朴素的平面为正方形的陵墓主体分别切下 4 个等腰直角三角形，得到现在精妙的八角形状。

带状雕刻

墙面装饰包括经文图案，工匠将这些图案雕刻在黑板岩上，镶嵌进大理石。

大理石

白色象征纯洁、高贵，贴满大理石的陵墓代表着穆姆塔兹·玛哈尔皇后在人世间的"港湾"。

花园

花园代表天堂，水渠是它的一部分，花园的完美对称向世人传达着沙·贾汗皇帝对国家秩序的要求。

镶嵌工艺

今天,在阿格拉的作坊中,游客依旧能看到工匠将宝石镶嵌进大理石,这种工艺叫"意大利佛罗伦萨马赛克饰面工艺"。假设工匠想将图案用黑色线条镶嵌在白色大理石上。他(从业者大多是男性,故此处用"他"指代)先要打磨出黑玛瑙薄片,将薄片按需求切割成型,成型后的薄度可能只有几毫米;接着在大理石表面将要放置薄片的区域覆盖一层指甲花染膜,这层膜能避免后期工艺对大理石的损害;再将薄片放在染膜上,沿薄片形状在染膜上描出图案轮廓;之后沿着描出的图案轮廓在大理石上刻出图案,将宝石嵌入图案中,然后用蔗糖、蜂蜡、蜂蜜、柠檬汁、云石粉,以及小扁豆调和而成的黏合剂将宝石与大理石粘连起来;最后将镶嵌完成的大理石表面打磨光滑,揭下多余染膜,让黑玛瑙薄片与大理石表面齐平。

▼ 从空中俯瞰泰姬陵,它的对称样式更加突出

泰姬陵白色闪耀的外墙与红润温和的内墙对比鲜明,引人注目又意义非凡

泰姬陵最重要的工艺之一便是内部大理石墙面上的宝石浮雕装饰

埃利斯岛
通向美国的大门

从曾经的牡蛎滩到美国历史上最重要的移民中心，和我们一起探索埃利斯岛的历史吧

作者：多姆·莱塞-林肯

　　清冷的早春清晨。上纽约湾的平静海面上雾气蒸腾。你搭乘的这艘船已航行16日，它越过风浪、驶入平静的大西洋。在甲板下的统舱中住了两个多星期，你备受煎熬，而那些有点钱的人却可以尽情享受头等舱与二等舱的宽阔空间。但无论是头等舱还是统舱，现在都不重要了，新的生活已经在不远处等待所有人。

　　这时，海面浓雾升起，好似背后有一只看不见的手在驱赶它们。此刻你的心中惊喜交加。这是最后一道关卡。你看到其他人都安稳通过检查，但是你对他们的信任就像吞噬船只的浓雾一样，说不清道不明。纽约触手可及，但首先，你要足够勇敢地通过埃利斯岛的检查与提问。

　　埃利斯岛位于上纽约湾腹地，面积约16公顷（涵盖不远处的自由岛，岛上矗立着庄严的自由女神像），是美国近代史中最重要的区域。小岛开放之时，超1200万来自世界各地的移民者登岛，不同文明与历史相互交织，不仅丰富了纽

▲ 自由女神像是众多移民者来到美国看到的第一个标志性建筑

▲ 埃利斯岛与旁边的自由女神像一起成为标志性纪念地

约与新泽西的文化氛围，还影响了整个美国。在许多想要逃离压迫与贫困生活的人眼中，美国是他们可能开启新生活的地方，这就是美国在这些人心中的印象。

最初，埃利斯岛、黑汤姆岛与自由岛是上纽约湾中三处大型牡蛎滩，几个世纪以来，它们一直为纽约市民提供日常美食。第一位登岛的荷兰人给这几座岛取名牡蛎岛，之后数十年，城市道路建设使海平面下降，生物资源减少。工业影响最终使黑汤姆岛被淘汰，新泽西的海岸线变得更靠近埃利斯岛与自由岛。埃利斯岛，或者小牡蛎岛，18世纪末被商人收购以前一直以牡蛎出名，之后它的影响力也一直存在。

18世纪末纽约移民商人塞缪尔·埃利斯（Samuel Ellis）买下这座小岛，他可能来自从大西洋（the Atlantic）到威尔士（Wales）的那片广袤区域。埃利斯没怎么使用这座岛，他买下这座岛之前的1760年，小岛以脏乱出名，岛上挂满海盗旗（那时它甚至被大家称为绞刑岛，岛上一处木桩被用作公开处刑地）。1794年，纽约州租下这座岛，州政府花了一年时间在岛上建立军事据点。美国独立战争（1775—1783年）十年前就已结束，但英国留下的战争伤痕还未痊愈。所以，美国将这座岛建成联邦军械库，之后又改建成军事据点，并一直维持了80年。

美国南北战争（1861—1865年）结束后，美国迎来移民浪潮。埃利斯岛尚未作为移民中心开放（1892年美国在岛上开设移民中心）的30年前，纽约曼哈顿下城区的城堡花园出入境处接待了超800万移民者，1880年，移民浪潮上升为国家问题。东海岸城市为那些无处可去的人照亮了方向，所以美国政府决定在海边设立一处新移民中心，并控制新市民的涌入。

新移民中心耗资巨大，整个工程花费了7.5万美元（约现在的150万美元）。新移民中心最好的地理位置是纽约与新泽西海岸线之间、上纽约湾内。埃利斯岛颇具竞争力。然而，地理位置优越的埃利斯岛，面积却不足以容纳联邦政府设想的新移民中心。为此，联邦政府开始下令建造人工岛，自流井（河床上钻洞引流河水）开挖、大量垃圾回填，埃利斯岛面积被人为扩大（有趣的是，一些回填物是纽约地铁隧道建造时的废弃物）。

几年后，人工岛建成，面积是原来的两倍，联邦政府计划用多出的6公顷面积建造新移民中心。岛上的第一座建筑是新入境大楼，它规模巨大，有3层楼高，1892年1月小岛开放，700多名移民者登岛，在这里接受进入美国前的检查。到1892年末，有45万名移民者登岛，人数之多，令人惊叹。埃利斯岛可能是联邦政府开始严控移民的试点，但再严控的举措都不能阻挡成千上万移民者跨越大西洋的风浪，到美国寻找新生活。

所以，是什么让这么多人离开熟悉的家园，远度重洋，到美国开启新生活？对大多数人来说，他们离开故土可能是为了逃离战争、干旱、

> **纽约触手可及，但抵达那里，要先通过埃利斯岛，为此你要足够勇敢。**

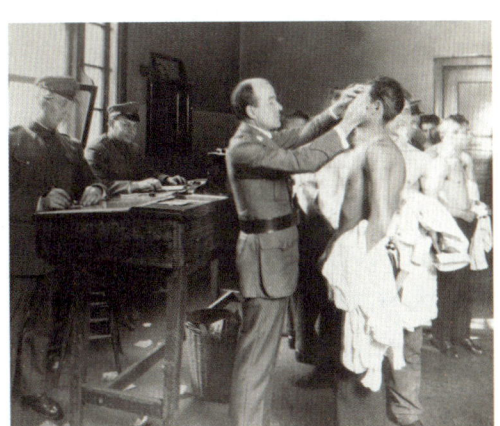
▲ 穿过大厅之前，移民者必须接受强制性检疫

▲ 通常，一名家庭成员先到美国是为了之后帮助其余家人入境

▲ 这个视角可以看到埃利斯岛与新泽西海岸离得多近。自由岛在新泽西与埃利斯岛中间

饥荒与宗教迫害。来自英国与斯堪的纳维亚的移民者少了，来自意大利、匈牙利、波兰、捷克斯洛伐克、希腊、土耳其、亚美尼亚、塞尔维亚与叙利亚的移民者则不断增多。

对那些移民家庭来说，从熟悉的家乡到一个之前只从新闻或他人口中知晓的陌生国度，是什么样的感受？一开始，不是所有家庭都能全家一起移民，1900年至1910年，大约95%的移民者抵达埃利斯岛，其中有些人的家人跟随着他们一起登岛，有些人的家人早已在纽约生活。到美国一趟，路费并不便宜，先到美国的那个人会没日没夜辛劳工作，为自己的家人赚够路费。预付票为移民者提供了重要捷径，1890年约25%~50%的移民者使用预付票登岛。1901年，使用预付票登岛的人数增至40%~65%。

大部分移民者蜗居于轮船的统舱中来到埃利斯岛，统舱是最便宜的舱位。统舱乘客通常要在狭窄的空间中度过整个航程，在拥挤不堪的船舱内毫无享受可言（许多轮船的统舱中没有配备卫生间，许多人不得不用锅、壶解决燃眉之急，然后将这些器皿扔进大海）。越过大西洋风浪时胃里翻江倒海，对移民者来说这是美国之旅要面对的第一个难关。登岛后，移民者要认真回答31个问题——从个人信息、健康状况、知识水平到技能水平。20世纪的大半时光中，这31个问题成为埃利斯岛移民中心与埃利斯自由基金会（the Ellis Island Immigration Centre and the Liberty Ellis Foundation）档案中的主要内容。

带着对未来的迷茫，登船开启漫长旅程，当时会有什么样的感受？对于1921年登上埃利斯岛的时年11岁的乌克兰犹太人贝西·阿克拉维（Bessie Akawie）来说，她来这儿是因为她父亲在这里，父亲随家人一起逃离故乡，来到美国。1986年埃利斯岛自由基金会采访她时，她说："我三四岁时，我爸爸就离开家了，我不会记错的。那时下了一场暴风雪，呃，所有的植物都被冰封起来。爸爸与祖父一夜之间失去所有。他们借了一笔钱，之后到美国，我爸爸成为皮货商人。"

回忆起父亲离开家的那一晚，她说："我记得很清楚，拉比（犹太教经师）来教我兄弟查经，我记得他穿着白袍来我家，我爸爸对他说我兄弟那晚先请个假，不查经了，然后他将经书放在一边。后来大家围坐在床上聊天。我坐在一旁听着。之后我肯定是睡着了，因为我不记得我爸那天早上什么时候走的。"在那个命运的转折之夜，贝西可能不记得有没有跟爸爸挥手说过再见，但她已经长大了，她知道爸爸做出那样的决定，他自己心里也苦乐参半，但认为决定本身是对的，她说："我们知道他们到了美国就能赚钱了。但我们没想到的是，那之后战争爆发，爸爸回不来了。"

▲ 成千上万通过埃利斯岛入境的人奠定了美国文化的基石

埃利斯岛上的人们
从总统到平民

成为出入境中心的 50 余年中，埃利斯岛见证了诸多名人登岛。事实上，不是每一位登岛的人都为了所谓的"美国梦"，许多人登岛前就已声名远扬。其中最出名的莫过于美国联邦政府官员。埃利斯岛一共迎接了 6 位总统，包括西奥多·罗斯福（Theodore Roosevelt）、威廉·霍华德·塔夫脱（William Howard Taft）、托马斯·伍德罗·威尔逊（Thomas Woodrow Wilson）、赫伯特·克拉克·胡佛（Herbert Clark Hoover）、富兰克林·罗斯福（Franklin Roosevelt），以及德怀特·戴维·艾森豪威尔（Dwight David Eisenhower），他们的最终目的地是曼哈顿。

在岛上停留过的名人还包括诸多艺术家。作曲家乔治·格什温（George Gershwin）、魔术师哈里·胡迪尼（Harry Houdini）、演员贝拉·卢戈西（Bella Lugosi）、作家鲁德亚德·吉卜林（Rudyard Kipling）、教育家布克·华盛顿（Booker Washington），以及心理学双巨头卡尔·荣格（Carl Gustav Jung）与西格蒙德·弗洛伊德（Sigmund Freud）都通过埃利斯岛抵达纽约。就连著名的厨师长博伊尔迪（Boyardee）也是如此。

这其中最有名的，可能也是所有在岛上停留过的人之中最有名的，就是岛上新移民中心建成后的首位移民者。1892 年新移民中心开放，第一位通过埃利斯岛的移民者是来自爱尔兰的少女安妮·摩尔（Annie Moore）。安妮 17 岁时从家乡爱尔兰的科克镇出发，经历了 12 天的海上航行后，于 12 月 31 日抵达美国纽约。她是 1892 年新年伊始第一位通过埃利斯岛的人。安妮与她的两位兄弟接受健康检疫后被允许入境，经历 4 年分离，她与她的兄弟终于在美国与父母团聚。

▲ 第 26 任美国总统西奥多·罗斯福

▲ 第 34 任美国总统德怀特·艾森豪威尔

▲ 著名魔术师哈里·胡迪尼

▲ 著名精神分析学家西格蒙德·弗洛伊德

▲ 著名教育家布克·华盛顿

▲ 17 岁的安妮·摩尔成为登岛的首位移民者

▲ 作为历史节点，埃利斯岛为美国文化注入了新的血液

▲ 埃利斯岛接收了不同信仰、不同文化背景的人

▲ 移民者在"金属笼子"里等待入境美国

▲ 码头停满从世界各地驶来的船

▲ 等待批准入境时，移民者可以享用免费餐食

对贝西来说，母亲独自带着5个兄弟姐妹生活，日子难上加难。贝西与家人花了两年时间才最终登上驶向美国的船，他们避开反犹太人群的视线，躲在地下室内，跨越国境抵达罗马尼亚、捷克斯洛伐克、比利时，之后用父亲秘密留给他们的指示前行。贝西一家在法律文书上耗费了大量时间，联邦政府对移民文件的要求严谨细致。

抵达纽约的航程大约花费了3周，但与漫长的旅程相比，高高矗立在自由岛上的自由女神像、埃利斯岛繁忙的码头，以及不远处的城市深深打动了贝西那颗年轻的心。她与家人登岛后，她们被引向埃利斯岛移民中心一层，开始层层过关。她沉思道："我们首先进了一个像金属笼子的房间。如果你看到那一时期埃利斯岛的老照片，你会发现那周围有很多金属笼子。医生为我们做检查，我们没有通过检查，因为我们有斑疹伤寒症，都是被虱子咬的。所以，呃，我们的头皮还有症状。我妈妈会抹一些药膏，但没什么效果。我兄弟情况要严重一些。但是他们，呃，他很快就痊愈了。症状很快就没了。"

通过埃利斯岛不仅仅是检查一堆文件、做一堆检疫，对包括贝西在内的许多人来说，他们从家乡来到这里，无奈地背负着偷渡的标签，所以他们不得不接受隔离。贝西说："他们将我留在埃利斯岛上过了8个月。然后，呃，我与护士汉娜小姐成为朋友。我现在才知道她住在一个街区之外。她对我特别好，用杂志教会我英语。我到纽约后交流没有障碍。"

与贝西及她的家庭类似（但她很幸运，在开启漫长余生之前，一家人能幸运地在美国团聚），许多移民者抵达埃利斯岛后，都会因为独自一人而感到胆怯。前路充满未知，面前是一座三层楼建筑以及密封严实的金属笼子，就算最能吃苦的人看到此情此景，心里都会一紧。

踏上码头的人走几步就到了大厅前的宽阔台阶。很多人以为进入大厅之后才会开始检查，但实际上医生、翻译早已在大厅门前等着为他们做基础检疫。对于生着病或者有轻微症状、需要立即治疗的人，医生会在他们的外衣上贴上"阳性"标签，之后他们会被转入大楼中的单独区域做进一步检查与治疗。对于患有心理疾病的人，他们将在岛上接受漫长的心理治疗，直到心理医生判定他们痊愈。

经过大厅之后，移民者需要回答他们登船前就回答过的那31个问题，问题一模一样，这么做就是为了测试他们的答案是否相同，以此验明身份。接下来，移民处职员会额外问他们29个问题，针对答案，职员会给移民者不同的职业规划、专业发展及司法教育建议。然后就是进入美国的最后一步了，人们称其为"分道扬镳"，在这里各自走向自己的未来，一些人去新泽西，一些人去纽约，还有一些人留下来继续接受检查。如果一个家庭没能达到移民的标准，他们会在这里被分别，何时能团聚，无人知晓。

1917年第一次世界大战期间，移民美国的人数骤减，美国总统西奥多·罗斯福新任命移民中心长官，负责岛上反腐工作。在那之后埃利斯岛成为美军基地、美国海军补给站，以及关押战犯的监狱。1927年，埃利斯岛重新成为移民中心。这一时期，大量移民者被遣返回国。

开放62年后，1954年美国海岸警卫接管埃利斯岛，移民中心停业。60余载时光中，埃利斯岛遇见了成千上万移民者与游客（包括有名人士），这些人通过移民中心入境美国的同时，美国的移民法也逐渐成形。埃利斯岛其中一片区域

▲ 埃利斯岛对美国文化多样性做出了贡献

用来建造精神病院。

　　移民中心停业十余年后，埃利斯岛接受美国国家公园管理局与自由女神国家纪念地管辖，岛上建筑成为纪念馆，政府精心设计了游览线路，游客可以在游览过程中想象岛上人声鼎沸那段时期的光景。

　　埃利斯岛作为旅游目的地开放的第一年，超过5万名游客登岛游览。今天，这座小岛是纽约与新泽西最热门的景点之一。埃利斯岛地处上纽约湾，它好似一块从纽约海岸线扔进海中的石头，当然也可能是从新泽西扔的。历史上，它对美国文化多样性的塑造功不可没。

我们没想到的是，那之后战争爆发，爸爸回不来了。

埃利斯岛上有什么？

穿越大西洋，经过漫长、艰辛的旅程，埃利斯岛是他们实现移民美国的最后一关。

宿舍

移民中心背后，埃利斯岛为还未准备好入境美国的移民者（生病了或者有其他情况）准备了宿舍。另一处宿舍位于移民中心第三层。

登记处/大厅

半个世纪以来，大厅一直是移民中心的心脏。所有登岛的移民者都会经过这里。人们在这里排成长队，接受检查。

电力与焚化炉

要运转埃利斯岛，需要耗费大量电力。岛上离移民中心不远处建有发电场，旁边是焚化炉，病患的衣物在此焚烧销毁。

厨房与澡堂

那些因为健康或法律原因不得不在岛上多待一晚的移民者可以在厨房里烧上一顿饭，慰藉一下自己的胃，还可以在澡堂里洗个澡，洗掉旅途的疲意。

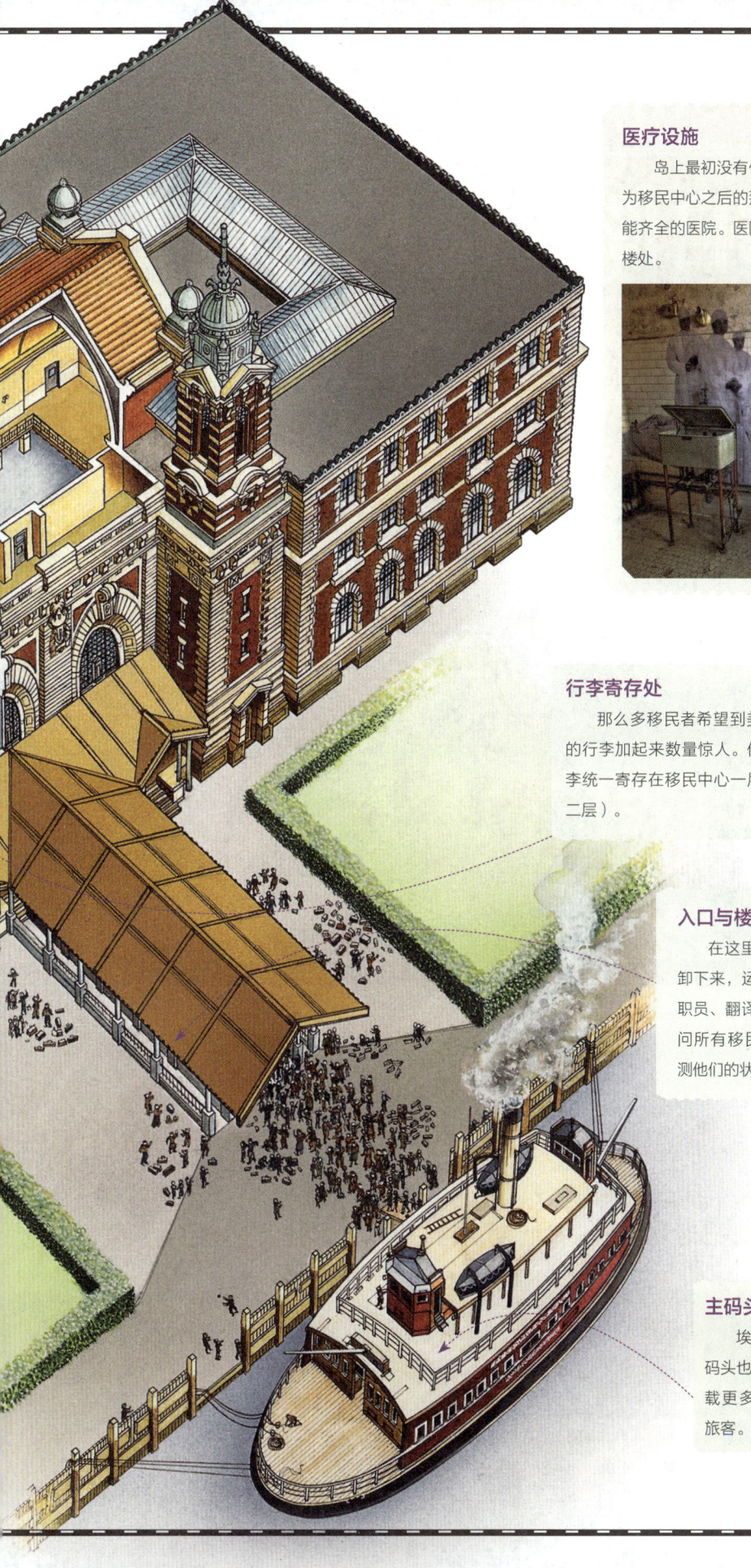

医疗设施

岛上最初没有任何医疗设施,小岛成为移民中心之后的那年迅速设立了一处功能齐全的医院。医院就位于码头边靠近主楼处。

行李寄存处

那么多移民者希望到美国,他们携带的行李加起来数量惊人。他们登岛后,行李统一寄存在移民中心一层(大厅位于第二层)。

入口与楼梯

在这里,移民者的行李会被卸下来,运往行李存放地检查。职员、翻译及医生会迅速上前询问所有移民者31个问题,以检测他们的状况。

主码头

埃利斯岛被人为扩建后,码头也相应扩建,这样就能承载更多从大西洋远渡而来的旅客。

·127·

追随名人的脚步

130　伊丽莎白一世
142　莫扎特
154　罗伯特·路易斯·史蒂文森
164　欧内斯特·米勒尔·海明威

伊丽莎白一世

穿上马靴,跟上"童贞女王"(Virgin Queen)的脚步,来一场都铎王朝古堡大冒险

作者:汤姆·加纳

探寻地点

设想现在是16世纪,英格兰女王正停留、经过你所在的小镇或村庄。你从未见过女王,这个时代没有电视、网络,甚至照片。女王与你之间的距离就像上帝与新世界般遥远。第一眼见到女王,你是什么感受?

1558年至1603年伊丽莎白一世统治期间,英格兰跃升为欧洲强国。女王的父亲亨利八世下令斩首了她母亲,她也被剥夺

找一找

与伊丽莎白一世有关的事物,例如彩虹肖像画(Rainbow Portrait)、帽子、手套,以及丝袜等。

▲ 哈特菲尔德庄园毗邻女王生活过的旧宫(Old Palace)

王室身份,成为私生女。她被同父异母的姐姐玛丽一世以叛国罪判处监禁,差点被斩首,最终玛丽一世迫于无奈释放了她。伊丽莎白一世终身未婚,人们称她为"童贞女王"。1603年女王逝世,她的对手苏格兰女王玛丽一世(玛丽·斯图亚特)的儿子詹姆斯六世(James VI)继承王位。

伊丽莎白一世统治时期是英国历史上的盛世,文化事业全面开花。女王在全国巡游中向民众展示了皇家气派,她停留的许多地方今日成为都铎王朝爱好者的必打卡之地。从大教堂、宫殿到乡村小屋、酒馆,女王的莅临为它们带去一片光彩。

▲ 哈特菲尔德庄园的结纹花园

停留时间：1558 年

哈特菲尔德庄园

17 世纪时，哈特菲尔德是索尔兹伯里侯爵夫妇的住处，塞西尔家族拥有此处超过 400 年之久。庄园实际上由两部分房屋组成，且都与伊丽莎白一世有关。1611 年，女王已逝世 8 年，索尔兹伯里第一代侯爵罗伯特·塞西尔（Robert Cecil）主持建造的主屋是典型的詹姆斯一世时期风格。塞西尔（与父亲威廉·塞西尔一样）是女王的大臣，詹姆斯一世统治时期，他继续担任国王的大臣，所以他有足够资本建造一处豪华屋舍以取悦君主。他选择靠近哈特菲尔德旧宫的地

方建造庄园，这一切都与伊丽莎白一世息息相关。

旧宫是伊里主教（the Bishop of Ely）于1485年建造的大宫殿遗址。罗伯特·塞西尔拆除了旧宫三分之二的面积，为庄园主屋腾出空间，仅剩下一处宴会厅与早期木屋顶。有趣的是，伊丽莎白女王在旧宫中度过了大半童年时光。玛丽一世将她释放出伦敦塔后，伊丽莎白一世在监视下住进旧宫。1558年，在花园中的一棵橡树旁，她成为女王。之后那棵橡树成为这一历史时刻的纪念。

伊丽莎白登基后做的第一件事就是在旧宫的宴会厅中组建参议院（Council of State），成员包括威廉·塞西尔。

▲ 索尔兹伯里第一代侯爵罗伯特·塞西尔

停留时间：1575 年

凯尼尔沃思城堡

凯尼尔沃思城堡是英格兰被毁最严重的城堡。1120年左右城堡建成，起初是军事要塞，之后成为皇家宫殿，它见证了英国历史上时间最长的包围战，爱德华二世国王退位，以少胜多的阿金库尔战役爆发（因威廉·莎士比亚笔下的亨利二世为世人所知）。这座城堡与伊丽莎白一世有关，主要是因为她的宠臣李斯特伯爵，即罗伯特·杜德利（Robert Dudley）。

▲ 李斯特伯爵

凯尼尔沃思城堡超半数区域被毁，但在都铎王朝时期，它尚且完整。16世纪50年代早期，罗伯

找一找

罗伯特·杜德利的警卫室中安放着伊丽莎白一世的奢华床具。起初，女王在警卫室内秘密打造了这张床。问一问工作人员，说不定能知道更多女王的秘密。

特·杜德利的父亲诺森伯兰公爵（the Duke of Northumberland）建造了这座精美城堡，现在仅存茶室与博物馆。16世纪60—70年代，杜德利为伊丽莎白一世建造了警卫室、议事厅，以及花园。

警卫室是城堡最精美的地方，华丽的木质天花板与楼梯无一不彰显品位；议事厅建有平台，游客可以站在平台上，体验女王俯瞰众生的感觉。基于考古发现与第一手资料，人们复制了城堡花园，包括喷泉池与鸟笼，并于2009年对外开放。

探索城堡遗址，或许能有幸欣赏到1120年留存至今的珍贵风景、独特的约翰大厅与塔楼的迷人全貌。

▲ 上图是女王某次莅临凯尼尔沃思城堡时城堡未完工的样子。下图是今日的凯尼尔沃思城堡

◀ 饰演伊丽莎白一世与罗伯特·杜德利的演员们在城堡空地中上演戏剧

王室巡游

伊丽莎白一世通过巡游英格兰，与她的国民拉近距离，提高影响力。一路上她住着各种华丽的房子。

　　仲夏时分，伊丽莎白一世开始全国巡游。作用有两个：首先，女王能与国民互动交流；其次，她能以最直接的方式维护自己的王权。接待女王是无上光荣之事，许多人将其视作与女王拉近距离、向其示好的机会。

　　女王通常会住在乡下，对于主人家来说，这不仅光耀门楣，还很考验他们的财力。因为女王一出行，随身的侍从就有数百人，他们时刻围绕着女王，所以主人家除了要接待女王，还要接待这一百多人，甚至有时还会有一些政府官员一路跟随女王。

　　女王每次巡游都会去不同地方。例如，1578年她去到英格兰东部地区，在那里她设计了一条环形路线，从哈特菲尔德庄园到沃本修道院、剑桥、伊里、布利克林庄园、诺里奇、梅尔福德庄园、海丁汉城堡，最终抵达蒂尔伯里堡。女王没有走遍英格兰的每个角落，她去过最北的地方是英格兰中西部的斯塔福德郡。

▲ 伊丽莎白会带着数百甚至数千名朝臣参加她的王室巡游

停留日期：1588年

蒂尔伯里堡

3　今天蒂尔伯里堡的主体结构还是17世纪晚期建成时的样子，一切都要感谢英国历史上那场最著名的演讲，这座古堡因它声名远扬。1588年，西班牙舰队入侵英国，西班牙菲利普二世（Philip II of Spain）派出西班牙无敌舰队征服英格兰。

　　英国皇家海军加上狂风暴雨，一切都注定了西班牙舰队的厄运，但为安全起见，伊丽莎白一世奔往蒂尔伯里堡，她的军队驻扎在那里。在古堡中，伊丽莎白一世为士兵们发表了振奋人心的演讲，她说："虽然我拥有女性柔弱的身体，但我的心和胃却像英格兰国王般坚毅，我根本没有把那些试图侵占我的国家的人放在眼里，无论他们来自帕尔马、西班牙，还是欧洲其他地区。"她的现身以及这番振振有词的演讲不仅提高了她在将士中的声誉，还被载入英国历史。

找一找
蒂尔伯里堡一处神秘的地下通道内埋藏着弹药。

停留时间：1599年

找一找

一定要抽点时间去长廊上走走，听一听吱嘎作响的地板声。《哈利·波特》（Harry Potter）系列电影中用这种声音做过音效。

彭斯赫斯特庄园

4　彭斯赫斯特庄园是西德尼家族的祖宅，庄园大部分区域建于1341年。它完美保留了14世纪英国本土建筑风格。1552年西德尼家族购买下这座庄园，随之进行扩建。菲利普·西德尼爵士（Sir Philip Sidney）是伊丽莎白一世时期有名的诗人、战士，是家族中最出名的人。1586年，他牺牲在荷兰的聚特芬战场上，他也由此成为英国的国家英雄。人们在伦敦圣保罗大教堂为他举行了国葬，他也是第一位获得此等荣耀的平民。

1599年伊丽莎白一世统治末期，她第一次来到彭斯赫斯特庄园。有了第一次，之后就有无数次，庄园内的一间奢华无比的房间甚至以她之名，称作"伊丽莎白女王屋"。今天，彭斯赫斯特庄园因其都铎式建筑风格，成为众多影视剧的热门拍摄地，包括《安妮的一千日》（Anne of the Thousand Days，1969年）、《另一个波琳家的女孩》（The Other Boleyn Girl，2007年）、《无敌舰队：英格兰12日保卫战》（Armada: 12 Days to Save England，2015年），以及饱受争议的《狼厅》（Wolf Hall，2015年）。

伦敦塔

伦敦塔是英格兰最具代表性的堡垒、监狱，走过了漫长且不平凡的时光。1078年，征服者威廉（William the Conqueror）下令开始营建伦敦塔，起初塔内关押过法国国王与苏格兰国王、爱德华四世（杀害亨利六世的凶手），以及多名葬身于此的王子。16世纪的伦敦塔是著名的断头台，有3名英格兰王后先后在此被斩首：亨利八世的第五任王后凯瑟琳·霍华德、"九日女王"简·格雷（Lady Jane Grey），以及伊丽莎白一世的母亲安妮·博林（Anne Boleyn）王后。就连伊丽莎白一世也曾被关押在塔内。

姐姐玛丽一世在位时期，伊丽莎白一世被指控参与叛国，她被处以叛国罪并监禁在伦敦塔。她被押着走过泰晤士河旁的叛徒门，走进伦敦塔。她始终没承认过自己的罪行，或许是她的存在本身威胁到了玛丽一世的地位，她差点被斩首。那时，她的青梅竹马罗伯特·杜德利也被关在塔内，有观点认为这两人未来关系亲密是因为他们共同走过了这段黑暗时光。伊丽莎白一世最终被释放，但直到玛丽一世去世，她都一直处于软禁状态，没有恢复自由身。今天，伦敦塔依旧是令人瞩目的存在，同时也是伦敦最热门的景点之一。

酒馆之王

伦敦市中心隐藏着一家历史悠久的酒馆。"Ye Olde Mitre"的意思是"古老的酒馆",它坐落在霍尔本区,靠近法院街,在林肯茵河广场与圣保罗大教堂之间。1546年,为伊里主教的仆从们建造了这家酒馆。它因伊丽莎白一世声名远扬。16世纪女王将酒馆所在地区赐给她的宠臣克里斯多夫·哈顿爵士(Sir Christopher Hatton)。女王很宠爱哈顿爵士,于是苏格兰玛丽女王(Mary Queen of Scots)散布谣言说女王与哈顿爵士有染。酒馆中也流传着伊丽莎白一世的传说:伊丽莎白一世与哈顿爵士一起围着酒馆前的樱桃树跳舞。这棵樱桃树现在还矗立在酒馆前。

▲ 玛丽一世将同父异母的妹妹、同时也是顺位继承人的伊丽莎白一世关押在伦敦塔内,并且下令只要叛乱没结束就不准释放她

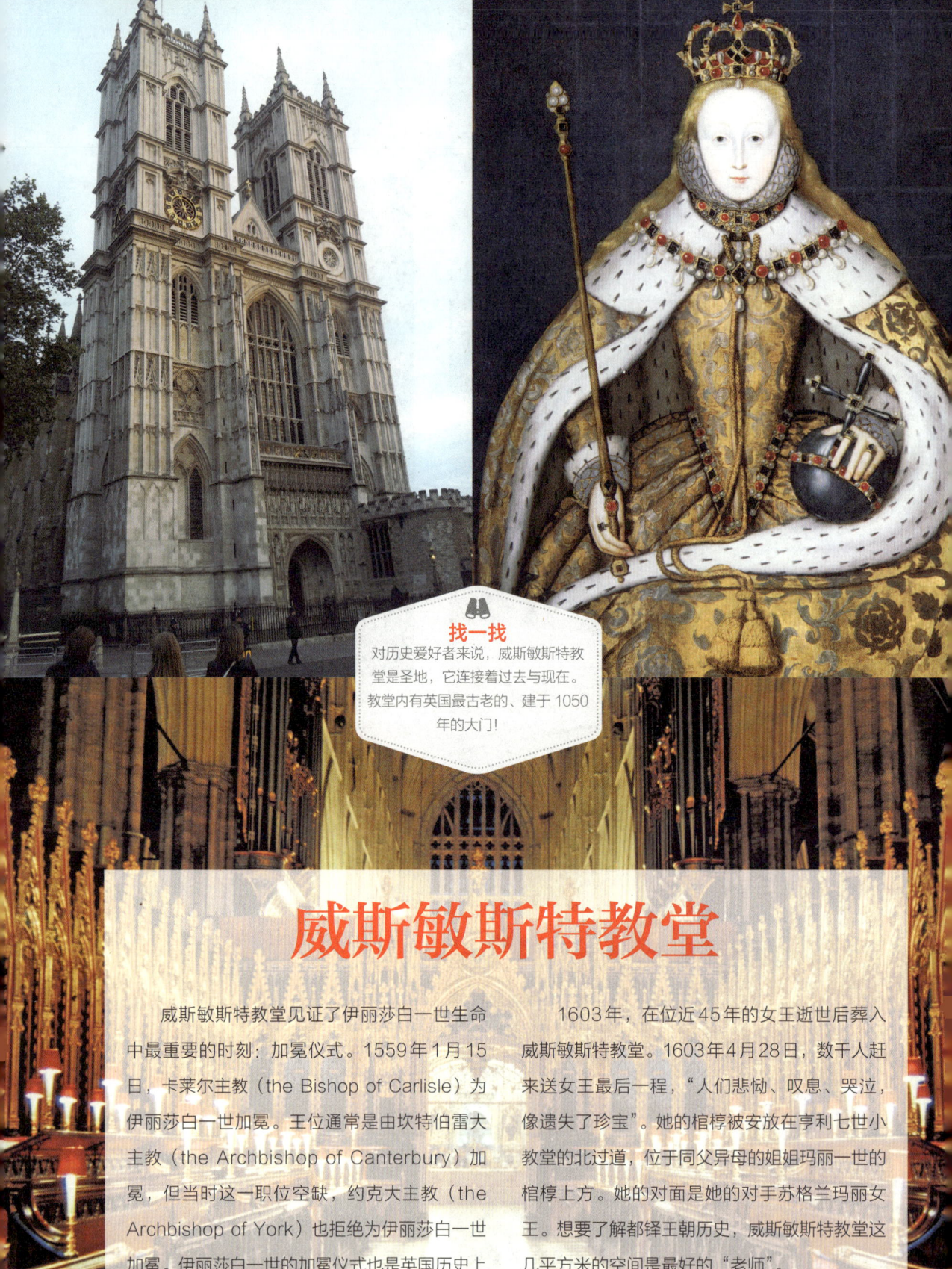

找一找

对历史爱好者来说,威斯敏斯特教堂是圣地,它连接着过去与现在。教堂内有英国最古老的、建于1050年的大门!

威斯敏斯特教堂

威斯敏斯特教堂见证了伊丽莎白一世生命中最重要的时刻:加冕仪式。1559年1月15日,卡莱尔主教(the Bishop of Carlisle)为伊丽莎白一世加冕。王位通常是由坎特伯雷大主教(the Archbishop of Canterbury)加冕,但当时这一职位空缺,约克大主教(the Archbishop of York)也拒绝为伊丽莎白一世加冕。伊丽莎白一世的加冕仪式也是英国历史上首次在正式场合使用英语而不是拉丁语。

1603年,在位近45年的女王逝世后葬入威斯敏斯特教堂。1603年4月28日,数千人赶来送女王最后一程,"人们悲恸、叹息、哭泣,像遗失了珍宝"。她的棺椁被安放在亨利七世小教堂的北过道,位于同父异母的姐姐玛丽一世的棺椁上方。她的对面是她的对手苏格兰玛丽女王。想要了解都铎王朝历史,威斯敏斯特教堂这几平方米的空间是最好的"老师"。

汉普顿宫

在大伦敦郊外，矗立着奢华迷人的汉普顿宫。自1515年红衣主教托马斯·沃尔西开始建造它。宗教改革时期，亨利八世买下了这里，之后成为伊丽莎白一世的主要居所。女王住在这里时并未大规模改建，它已非常完美。女王在这里接待外国使节，也在这里看戏剧表演、举行假面舞会。

1562年女王在汉普顿宫感染天花，几近丧命，最终康复。她生病期间立下遗嘱，宣布她逝世后，宠臣罗伯特·杜德利成为英国摄政王。她十分宠爱杜德利，甚至让杜德利搬进汉普顿宫，住在她隔壁。女王与罗伯特·杜德利的传闻真真假假，没人知道他们之间的真实关系是什么。

豪奢的汉普顿宫与亨利八世、伊丽莎白一世的命运交织在一起

莫扎特

当人们被问到:"提到奥地利,你会想到谁?"大部分人会说作曲家沃尔夫冈·阿玛多伊斯·莫扎特

作者:玛丽安·琼斯

探寻地点
萨尔茨堡 林茨
维也纳
因斯布鲁克

沃尔夫冈·阿玛多伊斯·莫扎特(Wolfgang Amadeus Mozart)1756年出生于奥地利西部的萨尔茨堡,35年后长眠于维也纳。莫扎特可能是那个时代奥地利最负盛名的人。与贝多芬(Beethoven)、海顿(Haydn)并称"维也纳三杰"的莫扎特是维也纳古典乐派代表人物之一。莫扎特的音乐跨度从歌剧到交响曲、从弥撒曲到室内乐,同时驾驭丰富多样的音乐体裁让他

▲ 萨尔茨堡的景致一定启发了莫扎特的音乐灵感

找一找
莫扎特基金会每年都会策划新的莫扎特主题展览。

声名鹊起、蜚声海外。今天，他是奥地利最有名的人之一，人们记住了他的少年天赋与他那些享誉世界的作品，包括《魔笛》（the Magic Flute）、《小夜曲》（Eine Kleine Nachtmusik）等。父亲列奥波尔得·莫扎特（Leopold Mozart）评价儿子的艺术天赋时说道："上帝派他降临萨尔茨堡。"

莫扎特出生于萨尔茨堡，他的后半生则在音乐之都维也纳度过。他四处旅行、演奏，孩童时期就已走遍欧洲，他希望用自己无与伦比的音乐才华打动皇室、贵族。十年时间里，他一直在路上，足迹遍布各地，但每一次旅行结束，他都会回到奥地利，那里是他的心安之处，也是今天世界公认的莫扎特的家乡。

停留时间：1756—1773 年

莫扎特的出生地

1 莫扎特出生在萨尔茨堡粮食大街9号，此处现在是博物馆，也是萨尔茨堡最受欢迎的景点。莫扎特出生于1756年1月27日，与父母、姐姐玛丽亚·安娜·莫扎特（昵称南妮儿）一直在这里生活到1773年。莫扎特家有7个小孩儿，最终只有两个活下来。这处房屋起初属于商人约翰·哈格瑙尔（Johann Hagenauer），他将一楼用作商铺，售卖香料，后来莫扎特一家租下这里，从此这里成为他们的家。"Getreudegasse"的意思是"粮食大街"，所以可以想象一下，18世纪的商人们在这条街上忙忙碌碌，而街边的房子里，一位音乐大师悄然成长。

莫扎特一家住在三楼，现在屋内陈列着大量他们的遗物、手稿文件，包括他的姐夫约瑟夫·朗格（Joseph Lange）没画完的肖像油画《钢琴前的莫扎特》(Wolfgang Amade Mozart At The Piano)。除此之外，屋内还陈列着莫扎特童年时期弹奏过的乐器，包括一把小提琴、一架古钢琴，游客一边参观，一边可以想象这位小小音乐家在屋内弹奏音乐的场景，他3岁用钢琴弹奏和弦，4岁凭记忆弹奏钢琴音乐片段。5岁，莫扎特开始作曲，用钢琴弹奏曲调，父亲在一旁帮他记录。莫扎特的父亲肯定意识到他拥有非凡的音乐天赋，于是计划在他6岁时带他开启一场世界音乐之旅，父亲希望借此机会赚些钱，同时在皇室、贵族中赢得名声。

▲ 这块纪念牌向路人展示曾在这里住过的人

▲ 外墙装饰着莫扎特的名字

▲ 在莫扎特的出生地，很容易想象这位作曲家的日常生活

从宫邸内的奢华装饰可以想象曾经举办的音乐会是何等盛大

宫邸外景简洁大气

停留时间：1762—1777 年

萨尔茨堡宫邸

▲ 格乐兹笔下青年时代的莫扎特

2 萨尔茨堡宫邸最初是一处中世纪建筑，16 世纪下半叶翻修成巴洛克式建筑。萨尔茨堡主教（the Bishops of Salzburg）曾在这里举办过数场音乐会。也是在这里的议事厅（议员们办公的地方），6 岁的莫扎特举办了第一场音乐会。

13 岁时，莫扎特受雇于萨尔茨堡大主教科洛雷多（Hieronymus Colloredo）。之后数年，他在这里演奏并创作音乐。莫扎特的一些早期交响乐作品即完成于此时，例如独一无二的《小提琴协奏曲》。与此同时，他的父亲列奥波尔得在萨尔茨堡大教堂担任音乐指挥，显然，莫扎特一家对萨尔茨堡市的音乐发展贡献巨大。然而，莫扎特在 1777 年辞职了，原因是他不满足于一年 150 金币的报酬，他决心继续上路，在旅程中开拓他的音乐视野。

▲ 1777 年，马蒂尼笔下的莫扎特

找一找
萨尔茨堡宫邸附近有始建于 16 世纪的、历史悠久的托马塞利咖啡馆。

▲ 萨尔茨堡宫邸内的天顶湿壁画

停留时间：1773—1782 年

"舞蹈大师之家"

3 1773 年，莫扎特一家离开"粮食大街"，搬到河对岸一间更宽敞的房子里，在那里他们可以更从容地接待友人与音乐家。房子名叫"舞蹈大师之家"（the Tanzmeisterhaus），因为它的前身是一所舞蹈学校。

1773 年，莫扎特被任命为萨尔茨堡宫廷管弦乐首席演奏者，按大主教要求创作乐曲，同时他也依自己的喜好创作了大量乐曲。1774 年，莫扎特创作出交响乐、一首巴松管协奏曲、几首小夜曲，以及喜剧歌剧《假扮园丁的姑娘》（La Finta Giardiniera），歌剧在慕尼黑狂欢节首演，并大获成功。

莫扎特生命中的前 20 年一直生活在萨尔茨堡，他的作曲逐渐进入瓶颈期。1781 年，25 岁的莫扎特离开萨尔茨堡，前往维也纳，那里的音乐氛围更浓厚、更开放。

"二战"期间，"舞蹈大师之家"被摧毁，战争结束后，人们在旧址上建造了一所音乐学院。这里还有一间博物馆，常年举办莫扎特生平展览，两间辉煌的音乐厅，常年举办管弦音乐会、管风琴演奏及室内乐晚会。

▲ 莫扎特花了十年时间旅行，旅途中为皇室、贵族演奏

旅途中的莫扎特

青年莫扎特去过 3 次意大利，他在那里积累的音乐素养大大影响了他之后的创作

莫扎特总共花了十年时间旅行，这一爱好源自 6 岁时，父亲带他环游世界。首先，他们去了欧洲音乐之都慕尼黑、阿姆斯特丹与巴黎，小莫扎特在教堂、贵族家中，有时甚至是宫廷内演奏。

1769 年 12 月，莫扎特 13 岁，他与父亲开始了首次意大利之旅。晚上，他们经常在因斯布鲁克的金鹰大酒店歇脚，之后继续意大利之旅，他们随叫随停，只要有音乐会或者贵族需要他们。在维罗纳，交响音乐学院的学者们沉迷于莫扎特的音乐，他们立即委托莫扎特为狂欢节创作一部歌剧。莫扎特听说西斯廷小教堂歌咏团唱了一小段阿莱格里（Allegri）创作的曲子时，立即坐下凭着记忆创作出一部完整歌剧，所有人目瞪口呆。莫扎特的第一次意大利之行，以为教皇演奏并被授予"金马刺骑士"头衔结尾。

乌尔苏林教堂矗立在繁华的林茨大街上

找一找
林茨是约翰尼斯·开普勒的家乡，也是希特勒年轻时生活过的地方。

停留时间：1783 年

林茨

4　1783 年末，莫扎特的新婚妻子康斯坦策（Constanze）在萨尔茨堡探望公公后返回维也纳。夫妻俩在林茨停留数日，他们受冯·图恩伯爵（Count von Thun）与伯爵夫人伊丽莎白（Elizabeth）之邀住进他们家中。今天，游客依然能在林茨市中心老城区 17 号看到伯爵的家。

此时的莫扎特名气渐长，所以伯爵夫妇请他在下榻期间为他们演奏一曲，完全在意料之中。他不知道该如何拒绝，但手边又没有乐器。所以他不得已创作了一曲交响乐，并用几天时间完成整个作品，刚好赶得上 11 月 4 日在林茨的包豪斯学校演奏。这首莫扎特为伯爵私人订制的《林茨交响曲》（the Linz Symphony），后来在维也纳重演。今天，这部作品也称为《C 大调第三十六交响曲》（Symphony Number 36）。

1860 年
彼时 & 此时

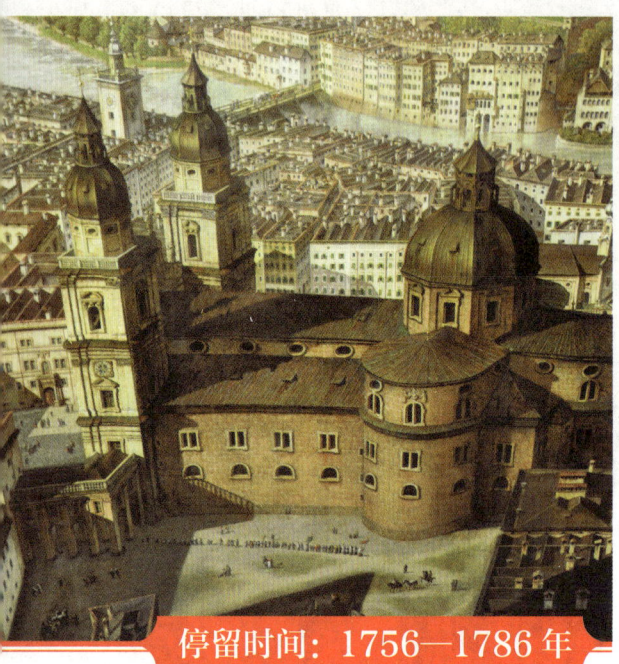

停留时间：1756—1786 年

停留时间：1756—1786 年

萨尔茨堡圣彼得修道院

6 萨尔茨堡圣彼得修道院是德语地区最古老的修道院，现在仍生活着 20 多名本笃会教徒。莫扎特在这里办了几场音乐会，1783 年他在这里首演了著名的《C小调弥撒》(C Minor Mass)，他的妻子康斯坦策作为首席女高音登台演唱。那时，夫妻俩住在维也纳，所以有可能他们是为了这场演出专门回到萨尔茨堡。这首乐曲太受欢迎，时至今日，人们依然能在每年的萨尔茨堡音乐节上听到它。

圣彼得修道院对莫扎特一家很重要，1829 年莫扎特的姐姐南妮儿逝世后葬在此处。今天游客依然能在修道院内看到纪念南妮儿的牌匾。几个世纪以来，这里埋葬了诸多贵族人士，人们用铁围栏将他们分隔开来，围栏外围布满蜡烛与鲜花。墓地上方，放置着基督教风格的墓石。

萨尔茨堡大教堂

5 尽管 774 年、1628 年及 1959 年因火灾或战争原因重建过 3 次，萨尔茨堡大教堂仍然是萨尔茨堡最著名的巴洛克式建筑。大教堂对莫扎特的一生影响巨大，1747 年 11 月 21 日他的父母在这里结婚，1756 年 1 月 28 日他在这里受洗。今天游客依然可以在大教堂正门内左边看到受洗池。

也是在这里，莫扎特第一次被任命为乐师，奉大主教之命创作弥撒曲、颂歌、赞美词、教堂奏鸣曲，他的许多作品也曾在这里演奏。现在，游客很难欣赏到用这些 1703 年的古乐器演奏的美妙音符，但能看到这些古乐器也是好的。莫扎特肯定用它们演奏过许多乐章。

停留时间：1784—1787年

▲ 贝多芬与海顿是莫扎特家中的常客

维也纳莫扎特故居

7　莫扎特在维也纳生活了11年，在这间房子里生活了两三年。他频繁搬家，钱不够，就四处找便宜的房子，但这里是他在维也纳住过最好的房子，也是唯一一处今天对游客开放的房子。

住在这里时，他创作了诸多重要作品，包括《费加罗的婚礼》（The Marriage of Figaro）、《海顿四重奏》（Haydn Quartets）的其中3部，所以这间房子完全可以代表他人生中的一段"高产"时光。莫扎特用"钢琴之家"形容维也纳，他也确实在这里施展了自己的才华。就是在这间房子里，他与多位著名作曲家会面，包括贝多芬与海顿，据说海顿曾跟莫扎特的父亲说："你儿子是作曲天才，他的人、他的名都是独一无二的。"与当时最好的音乐家的联系，对莫扎特一定是一种激励。

今天，这处莫扎特故居已变身成博物馆，向人们诉说着莫扎特在这里的生活。顶层陈列着18世纪时他的生活样式，中间楼层保留了原始灰泥天花板，他专注音乐与声誉，对物质生活要求不高。走进最底层，可以参观莫扎特的卧室。卧室窗外是典型的封闭式维也纳民居花园。

停留时间：1777—1791年

▲ 大教堂内部装饰华丽

维也纳史蒂芬大教堂

8 史蒂芬大教堂（Saint Stephen's Cathedral，曾用名Stefansdom、Steffi）是维也纳市中心一座雄伟建筑。莫扎特住在维也纳时期，这座大教堂对他们一家至关重要。1782年8月4日，莫扎特与康斯坦策在这里结婚，他们一共有6个孩子，至少有两个孩子在这里受洗。

在维也纳的大部分时光，莫扎特做着自由职业，教书、作曲及演奏，但1791年他去世前曾有一段短暂时光，被任命为史蒂芬大教堂乐队副乐长。

莫扎特的葬礼以十分隆重的形式在大教堂中的十字架前举行，以此纪念他的成就。人们在维也纳的地标建筑中怀念这位维也纳最著名的人物，他一生中最重要的时光都与维也纳有关。

大教堂屋顶镶嵌着23万块琉璃瓦。

罗伯特·路易斯·史蒂文森

这位受人爱戴的苏格兰诗人与法国有一段特殊往事,今天法国仍有一些地方在纪念他

作者:保罗·考伯恩

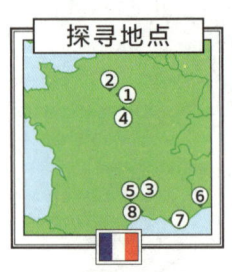

罗伯特·路易斯·史蒂文森(Robert Louis Stevenson)创作了多部经典小说,包括《金银岛》(Treasure Island)、《化身博士》(The Strange Case of Dr. Jekyll and Mr. Hyde)。他生长于苏格兰爱丁堡,最终定居在南太平洋的萨摩亚群岛。他曾数次与朋友、家人去法国旅行,他生命中最重要的一些时光都在那里度过。

根据他的继子劳埃德·奥斯本(Lloyd Osbourne)的说法,史

▲ 史蒂文森因《化身博士》出名

蒂文森"在精神上是半个法国人；在口味、兴趣，以及专业上，他是地地道道的法国人。他不仅能说一口流利的法语、能流畅地阅读法语书籍，还十分热爱这个国家与人民，他在法国生活的时间多过任何地方"。

然而，史蒂文森长期为健康问题困扰，那时他被诊断为肺结核，后来发展成支气管扩张，甚至有结节，他不得不在气候温暖的地方生活。多年来，史蒂文森与家人一直试图在太平洋中部与东部岛屿寻找合适的地方，最终他们选择了萨摩亚群岛的乌波拉。1894年12月3日，他因脑出血在乌波拉逝世。今天，人们为了纪念他，将他逝世的日子定为"罗伯特·路易斯·史蒂文森日"。

停留时间：1863—1886 年

巴黎

1 史蒂文森在巴黎数次停留。1863 年，他 12 岁时与父母一起前往巴黎旅行了 5 个月，那也是他与巴黎的第一次相识。他们一家住在奢华的水晶酒店，今天酒店依然坐落于杜乐丽花园旁。他们游览了著名的中世纪大教堂巴黎圣母院、为纪念拿破仑军队建造的马德莱那天主教堂。他们还去了曾经的王宫杜伊勒里宫，8 年后（1871 年）巴黎公社在起义中烧毁了这座宫殿。

尽管他住在朋友也是他的早期"缪斯"弗朗西斯·西特韦尔（Frances Sitwell）家中，但

▲ 吉罗拉莫·内尔利伯爵 1892 年笔下的史蒂文森

1876 年，他在巴黎的生活还是很吃紧。经济困难并未停止他对知识的渴望，他常常抱着满怀书本回家，这也能解释为什么他与一些艺术家朋友常常在卢浮宫中一待就是一天。不仅如此，史蒂文森经常光顾法国国家剧院、法兰西喜剧院，观看法国著名戏剧演员、导演沙拉·伯恩哈特（Sarah Bernhardt）的作品。

如果条件允许，史蒂文森也会出入巴黎咖啡馆。然而，有一个地标性建筑他从未去过，那就是建于 1887 年的埃菲尔铁塔。

▲ 史蒂文森肯定游览过巴黎圣母院，它是巴黎地标建筑

▲ 黎塞留大街上的法兰西喜剧院

> **找一找**
> 作为历史文化名城,赛尔吉-蓬图瓦兹拥有众多节日。

俯视赛尔吉

停留时间:1875 年

赛尔吉-蓬图瓦兹

2 蓬图瓦兹距巴黎西北约 25 千米,是赛尔吉-蓬图瓦兹这座"双子星"城的其中一半。"蓬图瓦兹"之名源于它的地理位置,它坐落于瓦兹河畔,河水流经 10 千米后汇入塞纳河。

这座小城也是法国著名的印象派绘画发源地,怡人的自然风光吸引了众多画家在此停留,包括举世闻名的文森特·威廉·凡·高(Vincent Willem van Gogh)、保罗·塞尚(Paul Cézanne),以及保罗·高更(Paul Gauguin)。

▲《内河航程》书影,史蒂文森著

对于史蒂文森来说,这座小城是他与大学朋友怀特·格兰雷·辛普森爵士(Sir Walter Grindlay Simpson)独木舟旅行(1875 年 8 月 25 日至 9 月 14 日期间)的终点;这段旅程成为日后他出版的第一本游记《内河航程》(An Inland Voyage)的灵感。

史蒂文森住在城中的杜格兰德瑟夫酒店,但他很快动身前往巴黎,之后前往格雷。我们有理由相信他并未深度游览过这座城市,他可能也没参观过壮观的城中地下墓穴。

一生挚爱

在法国，史蒂文森遇见了后来他跨越山海也想要迎娶的人

传记作家并不清楚史蒂文森遇见芬妮·奥斯本的具体日期，只知道是1876年。但具体日期是哪天已经不重要，这对夫妻也不甚在意。结婚8周年时，史蒂文森在新泽西州马纳斯宽给芬妮写信，信中提到他真希望记性能好点，这样就能记住其他"更重要的日子"了，包括"他望向窗外的那一天"。

那一天，他们初次相遇，俩人都是去格雷谢维隆酒店吃晚餐。芬妮的姐姐奈莉（Nelie）写道："那晚微风轻拂，空气中弥漫着花香，酒店大门、窗户敞开；天空夕阳残照，屋内灯光璀璨。罗伯特·路易斯·史蒂文森借着灯光望向窗外，他一眼就看到了芬妮，一眼钟情。"

芬妮的女儿贝拉与儿子劳埃德都还记得史蒂文森爬进窗户，加入芬妮的聚会。他完全被芬妮迷倒，接下来他在格雷的大部分时光都与芬妮在一起。1880年两人在旧金山结婚。之后史蒂文森生病，两人离开美国。

▲ 芬妮·奥斯本，史蒂文森的一生挚爱

停留时间：1878年

加泽勒河畔勒莫纳斯捷

3 史蒂文森在这座法国南部上卢瓦尔省的小城开启了为期12天、行程190千米的远足旅行，他的旅途伴侣很特殊，是一头蠢蠢的、名叫"莫德斯汀"（Modestine）的驴。他将这段旅程写进了第二本书《骑驴漫游记》（*Travels With A Donkey In The Cévennes*）。他被环绕这座小城的村庄吸引，虽然没有苏格兰高地（the Scottish Highlands）那般辽阔，但村庄景色与高地不相上下。

史蒂文森最喜欢山谷下村庄中的那片地，"四周山谷陡峭曲折，绿草地上木柴遍布"。

因为一些原因，勒莫纳斯捷未被史蒂文森专门写入书中；他这一时期的思想只见于短篇《人与书散论》，这本小著出版于他逝世后。勒莫纳斯捷当地人肯定会发现他书中随处可见的苏格兰风格。

皮瑞古堡市立博物馆的一间屋内记录着史蒂文森在这座小城及塞文山脉驻足停留的时光。

> 停留时间：1875—1881 年

巴比松与卢万河畔格雷

4 19 世纪 70 年代中期，史蒂文森的表弟鲍勃（Bob）向这位作家介绍了在巴比松、卢万河畔格雷和附近的枫丹白露地区兴起的充满活力的小型艺术社区。史蒂文森一边沉浸在法式波西米亚生活中，一边沉醉于村庄周围的自然风光。1875 年 4 月他在给友人弗朗西斯·西特韦尔的一封信中写道："我刚来的时候生着病，但很快就被美景疗愈了，这里的森林、空气、阳光与松香，一切都是那么美好。如果我能在这儿住上一个月，肯定会精力满满。"

史蒂文森在巴比松与格雷开启了多段旅程，包括去卢万河谷徒步，他还在那被当成德国间谍，当场抓获。今天，游客依然能在卢瓦尔河畔沙蒂永慈恩大街 17 号（17 Rue de Cien, Chatillon-sur-Loire）看到写着"法国国家宪兵"的牌子，史蒂文森曾被短期关押在这里。

史蒂文森在格雷茨谢维隆酒店遇见了他未来的妻子芬妮·奥斯本。这座酒店现在变成作家、艺术家（主要来自苏格兰、芬兰与瑞典）领奖的私人会馆，例如苏格兰图书信托基金的罗伯特·路易斯·史蒂文森奖，这里俨然一处国际艺术中心。

找一找
格雷在卢万河有座桥，曾出现在无数画作中。

找一找

加尔东河上横跨着一座秀丽的石拱桥。

停留时间：1878 年

圣让-迪加尔镇

5 这座小镇又叫"塞文山脉之珠"，史蒂文森在这里结束了为期12天、193千米的徒步旅行。之后他将这段旅程写入《骑驴漫游记》。旅行结束了，他不得不将精疲力竭的老驴莫德斯汀卖掉，换来65法郎、一杯白兰地。

史蒂文森在镇上旅店歇了一夜，第二天继续启程前往塞文山脉下的阿莱斯，最后抵达巴黎与伦敦。

▲《骑驴漫游记》书影

这座小镇有全天候市场，夏季运行蒸汽火车，镇上还有一家陈列塞文山脉历史文化的博物馆。

时至今日，圣让-迪加尔镇依旧是公认的史蒂文森GR70徒步路线的终点，镇上的铭牌、喷泉池及商业宣传无不是证明，游客也可以在塞文山脉国家公园内亲身体验这段路途，其中有几条国道。还可以雇一头驴帮忙驮行李。

停留时间：1863—1884 年

法国芒通

6 史蒂文森与芒通的初次相逢是 1863 年他与家人在欧洲旅行时。史蒂文森的护工艾莉森·坎宁安（Alison Cunningham）觉得这里"一点也不漂亮"，但对于史蒂文森来说，这里"是世界上最漂亮的地方之一"，"它始终占据我心中的一个温暖角落"。从这出发游览意大利与阿尔卑斯山脉（the Alps）非常方便。史蒂文森在此停留了一个月，之后遵医嘱"南游"时又数次回到这里。

1873 年，史蒂文森告诉弗朗西斯·西特韦尔："你根本无法想象这里的美，站在烈日下，从山间往下看，金光灿灿的河面浮现着古石桥的黑色倒影，倒影看起来比石桥本身还壮丽。"

史蒂文森重返芒通时，说道："空气中弥漫着柠檬与柑橘的清香，这一刻，往日时光浮现。我身在家中，可眼前浮现的是这里的一花一木。一切都是那么美好，让我忍不住想起舞。"

后来他重返芒通是为了养病。他告诉母亲："健康的生活；吃饭、睡觉、晒太阳。平日我除了小说、报纸，别的都不读；除了给亲人写信，别的都不写。"

找一找
马赛的老渔港是渔船与游艇的天堂。

停留时间：1863—1883 年

马赛

7 1863 年史蒂文森与父母在欧洲旅行了 5 个月，这期间他们曾在马赛短暂停留一夜，这也是他第一次到马赛。1882 年 10 月，在前往芒通的途中，他又一次在马赛停留。这次他是遵医嘱"南游"，这也是他在这座繁忙港口城市停留最久的一次。

这次来马赛，史蒂文森与妻子先住在圣查尔斯终点酒店，这家酒店现在仍位于马赛市中心。之后夫妻二人在马赛东部的圣马尔塞尔的德菲利村（Campagne Defli, in Saint-Marcel）租下房子住。

1883 年 2 月，史蒂文森的病没有如预期般好转，马赛温暖的气候似乎没帮上忙，芬妮担心斑疹伤寒症会使他旧病复发。他们最终在尼斯待了一段时间，之后起身前往耶尔市。史蒂文森爱这里的山水，他说："圣马尔塞尔的山，就连石头都是一种浪漫。"

▲ 1890 年苏格兰作家罗伯特·路易斯·史蒂文森在萨摩亚

停留时间：1873 年

阿维尼翁

8 1873年，23岁的史蒂文森前往芒通途中曾在阿维尼翁短暂停留。毫无疑问，这段短暂的时光在这位年轻作家心中留下深刻印记。他在给弗朗西斯·西特韦尔的信中写道："我坐在城市最高处读完了你的信，身旁是教堂、城堡。空气中弥漫着阳光的香甜，耳畔不时听到教堂钟声；多希望我能向你描绘我眼前的美景。"

这里也是史蒂文森之后不断重返的地方，他在之后写给西特韦尔的信中写道："我准备再去教堂、城堡，还有山上走走，景色真的太美了，这三个地方也是这座小城中我最喜欢的部分。"

▲ 跨越罗讷河的圣贝内泽桥

欧内斯特·米勒·海明威

20 世纪美国最伟大的作家之一在酒馆、西班牙斗牛场中找寻爱、生存与毁灭

作者：蒂姆·威廉姆森

海明威与西班牙的故事能满足所有你认为的完美男人身上会发生的故事情节：浪漫、悲剧、冒险、失败、温柔、冲突。20 世纪 20 年代早期，海明威在西班牙现场观看了斗牛，就像他在西班牙其他地方的感受一样，这段旅程影响了他一生。他从西班牙回到家一年后，写成了第一部小说《太阳照常升起》(The Sun Also Rises)，书中情节源自他对这段旅程的回忆。后来他还曾与最优秀的斗牛士一起在西

▲ 声名远扬、位于悬崖之上的龙达镇,海明威曾数次在此停留

班牙旅行,1932年,《午后之死》(Death in the Afternoon)出版,他以此书致敬西班牙。

然而,海明威对西班牙的爱没能有一个完美的结局,不久,西班牙内战爆发(1936—1939年)。他成为一名战地记者与宣传员。多年后他重返西班牙时,时间改变了一切。海明威的许多朋友或离开人世或失去踪迹,他熟悉的许多地方也不复从前。

除了这些重创,他对西班牙的爱,对午后马德里拉斯班塔斯斗牛场的爱,对龙达镇美丽风光的爱,对巴塞罗那昏暗酒馆中加冰苦艾酒的爱,一直伴随着他。

停留时间：1923—1927 年

潘普洛纳

1 听了最好的朋友格特鲁德·斯坦（Gertrude Stein）的建议，海明威第一次来到西班牙，也是在这里，他第一次看斗牛，并随之爱上了这种精彩表演。1923年，他与一群朋友一起从巴黎出发，前往西班牙北部纳瓦拉自治区的潘普洛纳旅行。他在第一部小说《太阳照常升起》中记述了这段旅程，因为这本书，潘普洛纳的圣费尔明节登上世界舞台。

7月6日的一个下午，潘普洛纳"开启"节日庆典，海明威身临其中，狂欢一直持续到7月14日午夜。每天，从白天到黑夜，人们饮酒、跳舞，而其间庆祝天主教节日的宗教游行也是一大亮点。

▲ 海明威

20世纪，抛开危险系数不谈，圣费尔明节最精彩的部分是斗牛或者奔牛，参加节日狂欢的人们可以在城市街区上与牛比一比速度。如果想沉浸式体验节日氛围，就鼓起勇气去城中心的斗牛场看看。节日期间这里每天会上演6次斗牛表演，疯狂的牛绕着小圈横冲直撞。

海明威每年都会回西班牙观看斗牛表演，他甚至在斗牛场外作为业余爱好者参与斗牛，他自己也承认偶尔能斗牛成功。

找一找
潘普洛纳斗牛场外有一尊海明威半身像，有时人们会给它围上红色围巾，让它成为圣费尔明节的一部分。

此时&彼时

停留时间：20世纪20—50年代

找一找

酒店外的卡斯蒂略广场，深受游人、本地人喜爱，它也是西班牙的"休闲厅"。

潘普洛纳珍珠大酒店

2　珍珠大酒店坐落在潘普洛纳市中心，周围咖啡店林立，步行可达斗牛场，这里是海明威最爱下榻的地方。他对珍珠大酒店的爱使得今天酒店以他的名字为他最常住的那间房命名。奥逊·威尔斯（Orson Welles）及西班牙皇室成员曾经在这个房间中住过。

窗外就是街景，住在房间里，假装自己是《太阳照常升起》中的主人公杰克，清晨起床，通宵狂欢的余韵还未散去，窗外牛在狂奔。

▲ 年轻时的海明威

海明威在巴黎

20世纪20年代,巴黎是匠人、摄影师与新手作家的天堂,人们在波西米亚式生活中寻找灵感、创造作品

海明威也不是随时随地都在西班牙的咖啡馆与斗牛场里,他与第一任妻子哈德莉·理查森(Hadley Richadrson)在巴黎生活了数年,那时他还是名不见经传的小作家。在巴黎,他与妻子住在勒莫瓦纳红衣主教街边的商铺楼上,过着波西米亚式的生活,住在那儿唯一的不便就是空间狭窄以及缺水。但很快,他就结识了巴黎小说家、诗人格特鲁德·斯坦,在她的带领与帮助下,海明威的生活开始有起色。格特鲁德在塞纳河畔的弗勒吕街举办私人沙龙,艺术家、作家,以及旅居的社会各界人士在此齐聚一堂。第一次世界大战后,斯坦用"迷惘的一代"(The Lost Generation)形容以海明威为首的那一时期的人,很明显,他们饱受战争影响。

海明威在巴黎完成了《太阳照常升起》的部分写作,他在书中写到的酒馆、人物大多源自真实生活。例如,书中人物布莱特·阿什利(Brett Ashely)的原型是英国社交名流达夫·特怀斯登夫人(Lady Duff Twysden),她是海明威的好友。他生前未出版的自传《流动的盛宴》(A Moveable Feast)同样记录了他在巴黎的时光,巴黎对他的影响不可磨灭。

▲ 欧内斯特·海明威与斗牛士安东尼奥·奥都内兹,海明威在西班牙期间,两人成为朋友

▲ 作家格特鲁德·斯坦,她是海明威的老师、好友,照片拍摄于1934年。她是巴黎文学圈的泰斗级人物

▲ 今天的珍珠大酒店

停留时间：1925 年

潘普洛纳伊鲁纳咖啡馆

3 卡斯蒂略广场上有间伊鲁纳（Iruña）咖啡馆，它是海明威最喜爱的地方，也是潘普洛纳市最古老的咖啡馆。海明威笔下，主人公杰克与朋友们旅行期间，在这间咖啡馆消磨了无数时光。书中一段情节是，圣费尔明节第一天，杰克与朋友们坐在咖啡馆外喝咖啡，伊鲁纳咖啡馆就像战舰的甲板，铁桌铁椅已经摆好，准备好迎接节日狂欢的人群。

今天，伊鲁纳咖啡馆内的装饰还保留着海明威光顾时的风格，墙上挂着华丽的镜子，吧台后的架子上放满盛着饮品的瓶子，随时准备好迎接因为大文豪而前来打卡的游客。

如果愿意等，同时也想大快朵颐，不妨试试菜单上的传统西班牙菜。

停留时间：20世纪20年代

纳瓦拉布尔戈特

4 1925年海明威与朋友们第一次到布尔戈特（Burguete），1926年他的第一部小说《太阳照常升起》出版。在这里，他沉醉于另一项爱好：钓鱼。他将布尔戈特作为钓鱼探险基地，在比利牛斯山脉下的河流与伊拉特河流中钓鳟鱼。

今天，布尔戈特依然是钓鱼爱好者的天堂，也是游客享受平静、宁和的好地方。相较于低地，这里气候寒冷、风大。海明威下榻的布尔戈特酒店今日依旧矗立在布尔戈特，它依旧是人们去加利西亚自治区圣地亚哥-德孔波斯特拉（Santiago de Compostela in Galicia）朝圣时会选择的休息站。

停留时间：20世纪20—50年代

安达卢西亚龙达

5 海明威曾经这样形容这座西班牙南部边陲小镇："西班牙最美的小镇之一。"内战爆发前后，他曾多次来这旅行，当然，他无可避免地被斗牛吸引。《午后之死》一书中，他写道："小镇的每一个角落、你目之所及的每一个地方，都充斥着浪漫气息。如果不能私奔到龙达、在龙达度蜜月，那你可以去巴黎，那也是一个浪漫之地。"

就如海明威的人生般，浪漫的背后是冲突与暴力。他在1940年写下的小说《丧钟为谁而鸣》(For Whom the Bell Tolls)以西班牙内战为背景，刻画了在山区中，游击队与村民联合对抗共和军部队的故事。故事原型取自1936年发生在龙达的一场大屠杀。

今天依旧吸引世界各地游客的是龙达18世纪古斗牛场中上演的斗牛表演。海明威称它为"现代斗牛发源地"，并大赞每年5月20日至24日在这里举行的斗牛节，这一节日是为了纪念15世纪占领龙达镇的费迪南德（Ferdinand）与伊莎贝拉（Isabella）。

停留时间：1937—1939 年

马德里佛罗里达酒店

6 1936 年西班牙内战爆发，海明威在西班牙成为一名战地记者。马德里大部分地区被佛朗哥（Franco）的军队包围，海明威当时与其他几名外国记者一起住在佛罗里达酒店。

这一时期，海明威以佛罗里达酒店为背景，写下了他生涯中唯一一部剧本《第五纵队》(The Fifth Column)。他下榻期间，酒店遭受 30 枚高爆弹轰炸，他由此说道："如果剧本不好，这些榴弹就是原因。如果剧本好，这些榴弹就是功臣。"

不幸的是，1964 年佛罗里达酒店被摧毁，现在原址上是一家百货商店，人们依然可以看到一些佛罗里达酒店的建筑痕迹。格兰大道上，能看见西班牙电信大厦，战地记者曾每天在这里通过电缆报道战况。

停留时间：20 世纪 50 年代

巴塞罗那

[7] 20 世纪，加泰罗尼亚首府吸引了一批著名艺术家与作家，安东尼奥·高迪（Antoni Gaudi）、巴勃罗·毕加索（Pablo Picasso），以及萨尔瓦多·达利（Salvador Dali）都在这里留下自己的印记。然而，海明威很少在巴塞罗那停留。

他在这里为数不多的时光中也留下了自己的印记，"海明威曾在这喝酒"酒馆就是一个例子。游客可以在兰布拉大街尽头的小巷中随处找到灯光昏暗、布满尘埃、时间仿佛静止的酒馆，里面售卖着海明威最喜欢的苦艾酒。兰布拉大街尽头矗立着因海明威而声名远扬的马塞拉酒吧（Bar Marsella）。酒吧向游客提供绿色饮品、火柴，以及方糖。干杯！

停留时间：20 世纪 20—50 年代

巴伦西亚

8 巴伦西亚是西班牙第三大城市，是海明威旅途的必经之地，1926 年，也是在这里，海明威完成了第一部小说的出版。之后，在《午后之死》这本书中，他写下巴伦西亚海滩边的众多"小吃"，"啤酒、海虾、米饭、西红柿、灯笼椒、番红花、海鲜、蜗牛、龙虾、小鱼、小鳗鱼，应有尽有，所有食材最终变成一锅西班牙海鲜烩饭，番红花为烩饭平添诱人颜色"。

巴伦西亚同样满足了海明威对斗牛的兴趣。他写道："崇拜斗牛士的人才称得上是巴伦西亚人。"海滩边有三家"小吃摊"以巴伦西亚传奇斗牛士曼努埃尔·格拉内罗（Manuel Granero）的名字命名，1922 年他在斗牛表演中丧生。市中心的卡伦西瓦（Calle Xativa）有一块格拉内罗纪念碑。

·175·

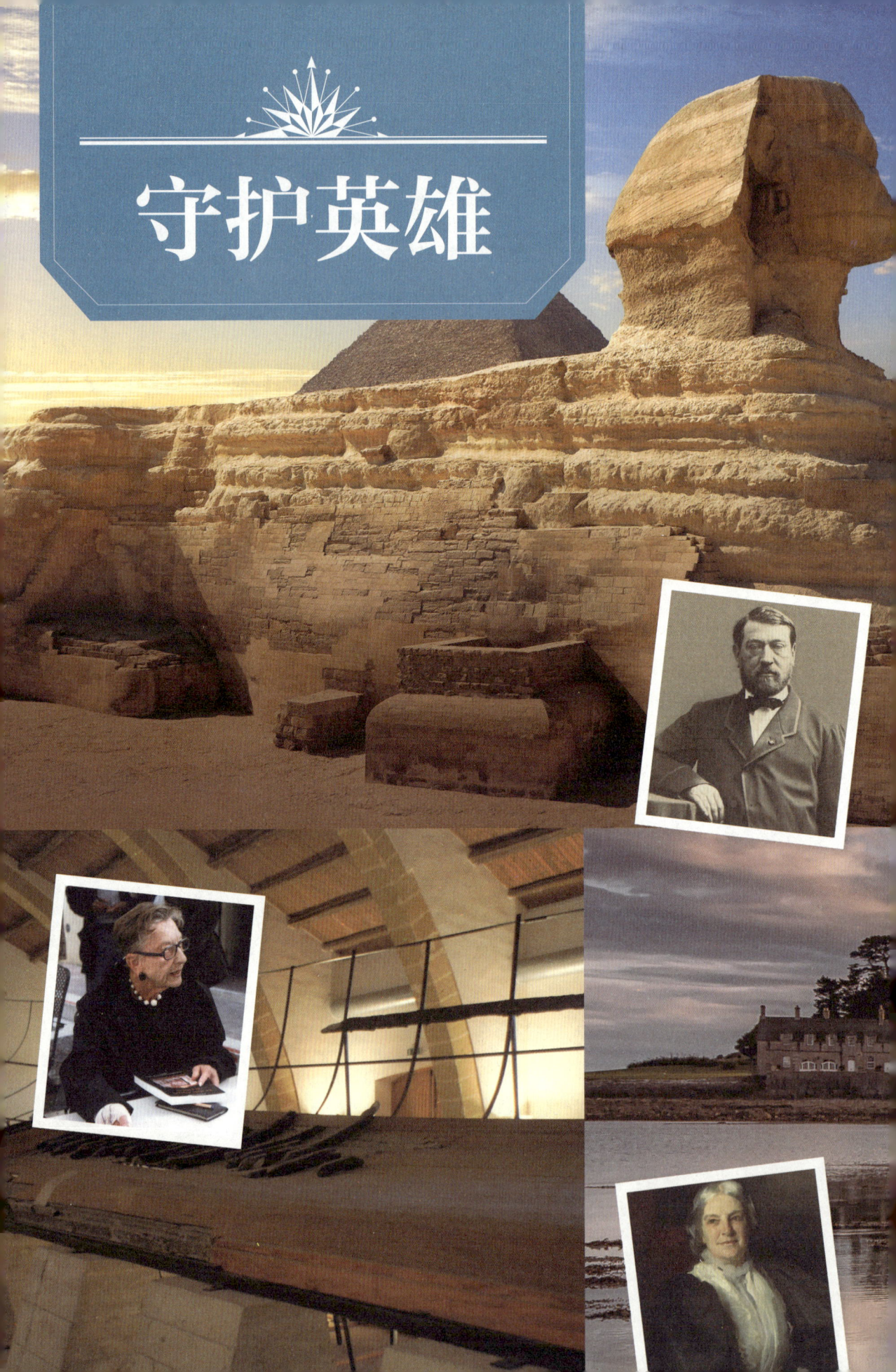

守护英雄

178	**奥克塔维亚·希尔**
	古迹信托的诞生
180	**奥古斯特·马里埃特**
	埃及考古之父
182	**法比安·韦尔**
	忠魂守护者
184	**海蒂·高盛**
	女性考古先驱
186	**昂诺·佛罗斯特**
	水下考古先驱

古迹信托的诞生

奥克塔维亚·希尔

▲ 1898年，著名艺术家约翰·辛格·萨尔金特（John Singer Sargent）为60岁的奥克塔维亚·希尔绘制的自画像

1838年，奥克塔维亚·希尔（Octavia Hill）出生于剑桥郡威斯贝奇，母亲是卡罗琳（Caroline），父亲是詹姆斯·希尔（James Hill）。卡罗琳是改革家托马斯·索思伍德·史密斯（Thomas Southwood Smith）的女儿，她对女性权利充满热情，而詹姆斯是政治热情极大的富商。

詹姆斯宣告破产、精神失常后，卡罗琳与女儿在芬奇利开始新生活。那时奥克塔维亚14岁，她开始在一间破旧的学校当教师，并时常与贫民混迹一处。从那时起，她坚信社会福利住房是英国的未来，1864年，约翰·拉斯金（John Ruskin）借钱给奥克塔维亚，她买下自己的第一处房产，但在奥克塔维亚名下房中居住的人在接受恩惠的同时也要担起责任：他们必须通过劳动获得报酬以支付房租。

对贫民来说，有一块遮风挡雨的地方已是一大幸事，但是难道他们要一直劳动，不休息吗？人类在大地上繁衍生息，不论贫富，每个人都有享受新鲜空气、拥有广阔空间的权利。奥克塔维亚与姐姐米兰达（Miranda）创立了凯尔协会（Kyrle Society）。

凯尔协会的名称来自慈善家约翰·凯尔（John Kyrle），协会拟为工薪阶层提供文娱活动，包括艺术、文学，以及娱乐空间。奥克塔维亚甚至成功说服人们停止重建"城市绿化带"，将这部分空间作为休闲场所留给民众。该协会获得了众多名人，包括威廉·莫里斯（William

> 我们需要四样东西。坐的地方，玩耍的地方，漫步的地方，以及度过一天的地方。

Morris）的支持。

奥克塔维亚正思考着想要保护历史遗迹，就遇见了知己、来自共同保护协会的罗伯特·亨特爵士（Sir Robert Hunter）。他们对古遗迹的保护很快从伦敦扩大到湖区。在湖区，约翰·拉斯金将他们介绍给卡农·哈德威克·罗恩斯利（Canon Hardwicke Rawnsley）。他们一起为英国历史遗迹奉献热爱。拉斯金一直梦想能有一个组织保护历史遗迹，感谢希尔、亨特与罗恩斯利，他梦想成真了。

1895年三人注册了英国国家名胜古迹信托（以下简称"信托"）。他们收管的第一个地方是迪纳奥卢（Dina Oleu）海岬，之后1896年花费10英镑收管了奥尔弗里斯通神职之家，这间房子此前一直荒废，后来依提议将这里用作威廉·莫里斯的古建筑保护协会会址。信托委员一致同意不修复，只保护。这一宗旨贯彻至今。

1902年，信托规模逐渐壮大，三位元老在湖区的布兰德尔豪（Brandelhow）码头种下一棵栎树作纪念，这棵树至今依然繁茂。

该组织至今依然存在，致力于保护奥克塔维亚视若珍宝的房屋、遗迹、工厂，以及绿化带。1912年奥克塔维亚·希尔在家中逝世，她是当之无愧的古迹守护英雄。

英雄之路

❶ 国家信托
保护历史遗迹的名誉与创建国家信托一样高。

❷ 社会福利住房
有约翰·拉斯金这位名人资助，奥克塔维亚成为社会福利住房的先驱。

❸ 陆军学员队
征募索斯沃克军训营，为了"拯救那些整日懒散的青少年"。

❹ 绿化带
肯特郡的一处小山以奥克塔维亚的名字命名，谨此纪念她为民众争取来的开放空间。

❺ 21世纪
今天，奥克塔维亚基金会依旧在运转，为需要帮助的人服务。

埃及考古之父

奥古斯特·马里埃特

▲ 法国人奥古斯特·马里埃特发现了沙漠中的秘密,由此埃及成为世界文化遗产不可或缺的一部分

奥古斯特·马里埃特(Auguste Mariette)对埃及开始产生热情的时机并不完美。1842年他的表亲内斯特·洛特(Nestor L'Hote)逝世时,马里埃特负责整理他的画稿,在此之前,这位21岁的年轻教师就已对历史产生浓厚兴趣。洛特是位艺术家,他的足迹遍布埃及每个角落,他留下的无数素描、彩绘手稿激发起马里埃特想要深入了解法老与古埃及文明的心。

利用洛特的画稿,马里埃特开始学习古埃及象形文字与科普特语。他花了5年时间在布洛涅博物馆布置了埃及画廊,吸引无数专家学者注意,也因此,1849年他获得在卢浮宫工作的机会。

1850年,卢浮宫为了丰富藏品,派遣马里埃特去埃及收购古手稿。事实上,马里埃特也不虚此行、小有收获。他原以为自己会一无所获,如果任务失败,之后卢浮宫不会再派他去埃及,为了不浪费这来之不易的去埃及的机会,他参观了不少古遗址。

他走过法老佐塞的金字塔,也就是在这小段旅程中,他发现了沙漠中的狮身人面像。他随之召集30名工人进行进一步发掘,沙子被清开,一条通往塞拉匹雍神庙的大道随之显现。用炸药炸开神殿入口后,马里埃特发现地下墓穴中放着一批公牛木乃伊、无数雕像、青铜碎片,以及其他珍宝,它们都是献给阿匹斯(Apis,古埃及神话中孟斐斯神祇之一,为公牛形象,是力量与

"埃及鸭子"很"危险"：被它咬一口，此生你都将沉醉于埃及的奇幻历史之中。

丰饶的化身）的祭品。

他在卢浮宫的上司命其待在埃及作进一步研究；他是为了古手稿而来，但现在情况已改变。马里埃特在埃及待了4年，他清理了萨卡拉金字塔周边的广袤区域，一共运回巴黎230箱文物。

回到巴黎后，他发现自己变得不适应在仓库与画廊里工作。一年后他返回埃及，这次他直接为埃及政府工作，作为古埃及文物修复员领导新成立的古文物部。他继续在萨卡拉金字塔周围发掘；现在，他有足够空间施展拳脚，也能随意去其他遗迹探访，例如1860年，他独自探访了吉萨金字塔与卡纳克神庙。他一共负责36处遗址的发掘工作。

马里埃特积极鼓励埃及政府保护属于自己的文化遗产。这一时期，大量埃及古文物被运往欧洲博物馆展览。马里埃特强烈抵制非法发掘与倒卖文物，他督促建立了全新的埃及博物馆，他发掘出土的众多文物珍宝在其中展出。对赋予埃及学全新意义的马里埃特，这里是他的安息之地。

英雄之路

❶ 埃及博物馆
马里埃特给文物提供了安全的"家"。

❷ 科学考古
马里埃特鼓励通过地层扫描图与相关学说开展考古研究。

❸ 清理狮身人面像
通过清理吉萨金字塔旁狮身人面像周围的沙子，马里埃特发现了斯芬克斯神庙。

❹ 歌剧作家
马里埃特可能以古埃及为背景写过一出歌剧，虽然是草稿，但之后被威尔第谱成阿依达进行曲。

❺ 了解遗址
马里埃特的细致研究使他对遗址情况了如指掌，例如吉萨金字塔与卡纳克神庙。

忠魂守护者
法比安·韦尔

▲ 1920年乔治五世国王赐封韦尔为爵士,并授予他法国荣誉军团勋章

第一次世界大战爆发期间,法比安·韦尔(Fabian Ware)是成百上千爱国者中的一个,他们随时响应基奇纳勋爵(Lord Kitchener)的号召奔赴战场,但韦尔因为超龄(大于45岁),最终没有奔赴战场。作为《晨报》(the Morning Post)的前任编辑,他转而投身军队。无论用哪种方式,韦尔最终还是为国家做出了自己的贡献。他志愿加入红十字军,1914年9月19日,他指挥调度了一批移动救援车,同时用志愿车队转运伤员。

战死沙场的将士们通常被法国民众草草埋葬,韦尔与他的团队记下了遇见的坟墓位置。随着西线战场日益沦陷、越来越多区域被划为战壕,死亡率一路飙升,战火纷飞中,埋葬将士的位置很容易被人遗忘。韦尔花费大量时间记录坟墓位置,1915年早期他成立了坟墓登记委员会。军队很快接收了该委员会,韦尔成为会长。

韦尔守护了人去世后的最后一丝体面,特别当这个人是一名将士时。前任首相的孙子威廉·格莱斯顿中尉(Lieutenant William Gladstone)于1915年4月15日逝世。人们将他葬在哈瓦登的一处教堂墓地中,他的祖先身旁。但韦尔觉得这体现了一种阶级歧视,只有能力富足的人才能负担得起从战场上迎回亲人遗体这件事。许多人没有能力接回亲人的遗骨,因此韦尔推广了一项禁令,禁止将将士遗体运回英国。他希望无论阶级、贫富,在战场上献出生命的人都能得到平等对待。

> 排排简洁的白色墓碑宣示了安息于地下的忠魂都是平等的，他们都为这个国家留下了不可磨灭的印记。

▲ 法比安·韦尔保证了埋在异国他乡角落里的将士们永远不会被遗忘

1918年11月战争结束，韦尔有机会将他一直奉献的平等主义变为现实。作为帝国战争坟墓委员会（前身是1960年的英联邦战争坟墓委员会）副主席，他监督修建了1000座公墓，能容纳58万个坟墓。韦尔的口号是"简朴、平等、统一"。每块坟墓前都矗立着一块白色墓碑，墓碑造型相同，碑上文字也大致相同。在这里，没有官员与平民之分，也没有职别与种族之分。坟墓建于花园内，其间还有两座雕塑，分别是纪念牺牲的十字架与铭记之石。

位于西线战场的公墓成为人们祭奠至亲至爱的地方。1949年韦尔逝世后，去墓地祭奠的人数可能超出了他的预期；不仅有将士后人，还有学生、工人及游客。

鲁德亚德·吉卜林（Rudyard Kipling）这样形容第一次世界大战时期的公墓："这里是继法老金字塔之后最伟大的私人建筑，并且只为自己的国家服务。"法比安·韦尔是功臣，他保证了每位为国捐躯的将士都受到平等与尊重对待。

英雄之路

❶
1.守护墓地
韦尔认为将伦敦的土地用来建造公墓，忠魂将会永垂不朽。

纪念无名
委员会同样为那些下落不明的将士们修建了纪念碑。

创造自由
韦尔为委员会招募了一批最优秀的艺术家，例如鲁德亚德·吉卜林。

阶级平等
韦尔是英格兰乡村保护委员会成员。

重返战场
韦尔69岁时作为陆军部队坟墓登记查询处负责人重返第二次世界大战战场。

女性考古先驱

海蒂·高盛

▲ 高盛是为数不多的、在男性主导的领域中获得非凡成就的女性考古学家

海蒂·高盛（Hetty Goldman）出生于著名的华尔街世家，她的祖父是高盛集团的创始人，但她热爱历史胜过金钱。从宾夕法尼亚布林莫尔学院希腊语与英语专业毕业后，她想成为作家，但她随后发现，"目前为止，一个字也写不出来"。

1906年在意大利度过为期3个月的考古之旅后，高盛开始思考自己未来的职业。她热爱并且想要继续学习考古，1910年，她撰写的关于希腊瓶画（Greek vase painting）的硕士论文为她赢得了雅典美国古典研究学院（ASCSA）的奖学金，她也是获得该奖学金的第一位女性。

高盛此刻坚信考古就是她的未来。她与同学爱丽丝·莱斯利·沃克（Alice Leslie Walker）一道在希腊开启考古工作，这是她第一次参与考古发掘。深埋地下的史前村庄激发了她对史前文明的终生热爱。

不幸的是，现实冲突打断了高盛的常规考古工作。1912年至1913年的巴尔干战争与第一次世界大战打断了正在哈拉伊进行的考古发掘；高盛在这两场战役中成为护工。1922年，高盛刚刚开启十周的第二个大型发掘项目——位于土耳其西部的科洛封考古发掘因为希土战争爆发被迫停止。后来，当考古团队回归时，大部分发掘出土的文物已经被盗。

高盛唯一一次未受战争影响的主要发掘工作是位于维奥蒂亚州的一处无名小山上。1911年她在希腊旅行期间认为这里拥有历史遗迹，但

> 考古是我的初恋，从根本上来说，我的灵魂随历史遗迹一同游离在旷野。

13年后，她才有能力在此进行考古发掘。接下来3年，她发掘出了欧特瑞西斯镇，为古希腊青铜时代考古发现添上浓墨重彩的一笔。

高盛最后一次参与的考古发掘是位于土耳其南部的塔尔苏斯遗迹，考古学家试图在此找到希腊与安纳托利亚之间的联系，这次考古发掘始于1935年，终于1947年。第二次世界大战曾使考古发掘短暂停止，高盛只能无奈地坐在普林斯顿高等研究院的办公室桌前。1936年她加入了这个久负盛名的研究院，因为她笃定将在这里花费生命中的半数时光做研究。高盛是个传奇，数年战争并未打垮她，土地即是她的战场。

1947年高盛退休，但之后的数年里她依然在进行塔尔苏斯考古研究，并于1963年最终出版了3本相关学术著作。9年后，她逝世，享年90岁。高盛的系统发掘、综合报告，以及原创研究为她赢得考古学家的盛名，她在哈拉伊的考古发掘可能是在希腊大陆上第一位由女性主导的考古项目，那时，考古是男性主导的领域，女性身份使她的成就大放异彩。她为女性开辟了一片新天地。

英雄之路

①
最高荣誉
高盛曾获得杰出考古成就金牌奖。

②
原创研究
高盛的研究颠覆了我们对史前希腊与土耳其的认识。

③
人道主义
高盛用她的身份帮助许多德国难民逃离纳粹势力。

④
考古先驱
通过教授女性考古学家，高盛为女性考古事业打开了关键的一扇门。

⑤
综合报告
时至今日，人们依然在沿用高盛的考古报告与研究成果。

水下考古先驱
昂诺·佛罗斯特

▲ 昂诺·佛罗斯特晚年继续从事水下考古工作

昂诺·佛罗斯特（Honor Frost）的第一次水下探险来得很古怪，当时她正在温布尔登的朋友家参加派对，屋外白雪茫茫。她在朋友怂恿下穿上一件第二次世界大战时期的潜水衣；手部的水泵通过胶管连接面部，提供氧气。身体虽然被限制在潜水衣内，但她眼前的世界绚烂多彩："水银般的气泡在水下浮沉。"

1917年，佛罗斯特出生于塞浦路斯。她沉迷于在水下无拘无束的感觉，后来在戛纳加入了潜水俱乐部，在俱乐部中她学会使用水肺，这种潜水用具不需要外部供氧支持。也是在那里，她认识了雅克·库斯托（Jacques Cousteau）的朋友弗雷德里克·杜马斯（Frederic Dumas），杜马斯向她介绍了水下考古。他们一起探索了一艘古罗马失事沉船，残骸位于法国安特奥尔南部海域。佛罗斯特之后叹息道："遗憾的是，当时没有专业的考古指导。"那次水下活动更像是一次拍照猎奇，仅仅只是记录下那片海域有一处水下遗迹。

靠着在艺术学校学来的绘图技能，1957年佛罗斯特在杰利科做了一次考古发掘。她觉得在干燥的沙地上进行考古发掘"不是一件享受的事"，她在杰利科古迹一个人小心谨慎、耗尽心血地发掘，而之前探索古罗马沉船时，她有同伴一起齐心协力发掘，两者无论过程还是结果都天差地别，对此佛罗斯特深受打击。过往经历使她坚信科学考古与细致的准备工作非常重要。之后佛罗斯特像在陆地上考古那般仔细、谨慎地在地

> 没有人会对过去的历史漠不关心，对我们来说，那是另一个世界。

中海东部进行水下考古作业。

她的这份严谨为她带来了第一次小收获，佛罗斯特与乔治·巴斯（George Bass）一起对土耳其盖利多尼亚海域中失事的一艘沉船进行水下考古。这艘沉船并不是考古学家以为的迈锡尼文明产物，它来自腓尼基文明，这也是世界上发现的第一艘腓尼基沉船。这次考古发掘改写了地中海地区航海文明的历史，同时也证明了水下考古不比陆地考古落后。

1971年，佛罗斯特受命前往西西里岛的马尔萨拉港对一艘木船进行水下考古。经过数年发掘，结果显示这艘船是第一次布匿战争结束时期迦太基人使用的船只，被罗马人撞毁后沉入海底。

佛罗斯特还对黎巴嫩与叙利亚的古港口进行了发掘，结果显示这些港口都曾经拥有繁忙的贸易。她甚至证实了世界奇迹亚历山大灯塔的存在。

直到最后，就算换了两次髋关节，佛罗斯特也依然心怀考古事业，直至2010年逝世，享年92岁。逝世前她还计划着去印度旅行，去看一看那里的石锚。

英雄之路

❶ 水下先驱
佛罗斯特是第一位真实得出水下考古成果的人。

❷ 持续探索
作为海上考古委员会的创始人，佛罗斯特带领水下考古成为一门正式学科。

❸ 世界奇迹
在亚历山大灯塔沉入水中超过500年后，1968年，佛罗斯特启动了对它的发掘。

❹ 船锚专家
作为石锚类型的专家，佛罗斯特通过石锚推定水下沉船年代。

❺ 昂诺·佛罗斯特基金会
佛罗斯特的遗嘱是将她生前珍藏的画作售出，所得款项用来支持水下考古事业。

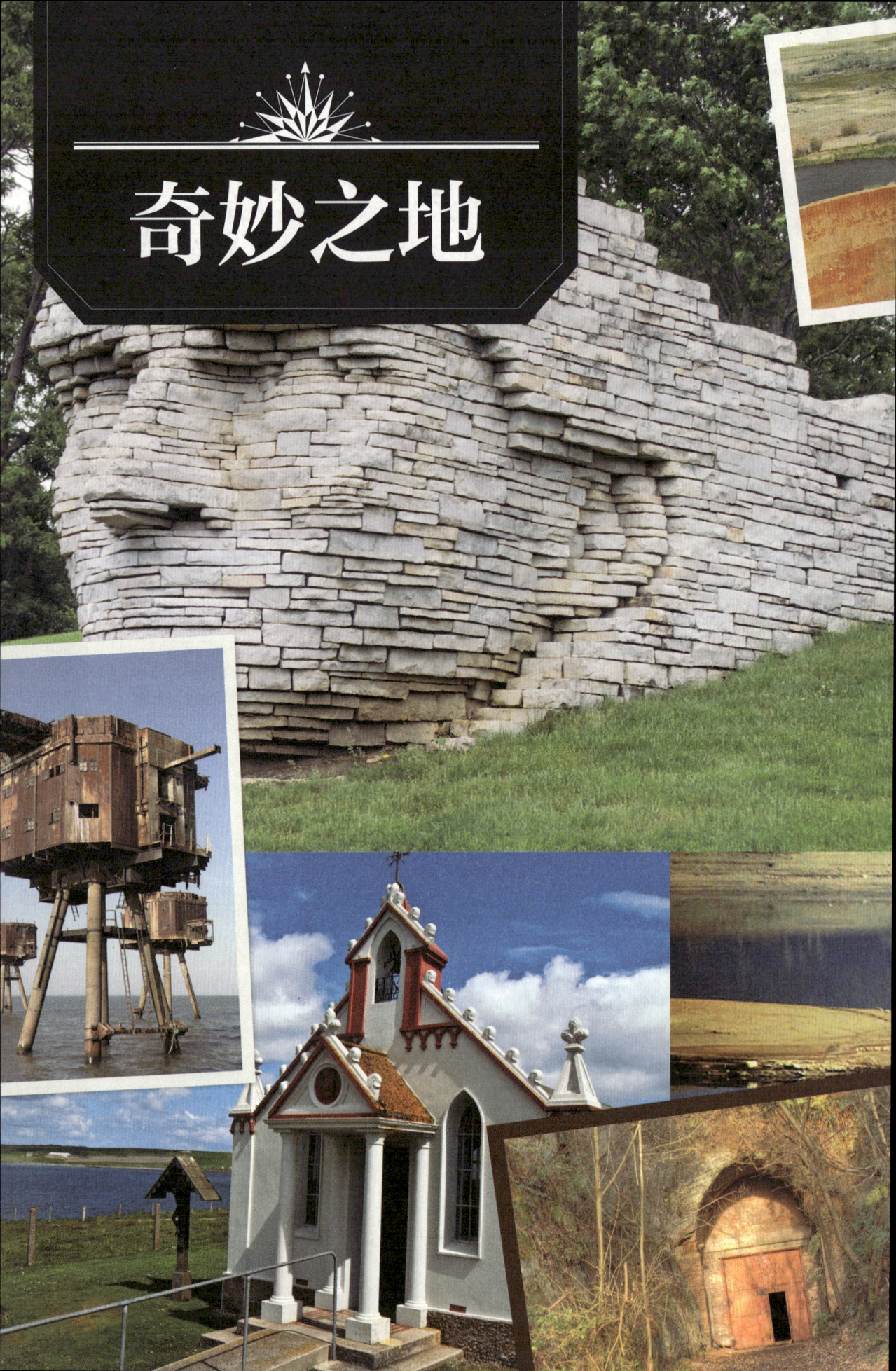

奇妙之地

190　默恩塞尔海洋堡垒

191　基济岛

192　奥克尼意大利礼拜堂

193　萨乌圣罗马教堂

194　人骨教堂

195　达尔加夫斯神秘村庄

196　奇妙谷仓

197　莱特利普酋长纪念碑

默恩塞尔海洋堡垒

泰晤士河口潮水冰冷、浪花翻涌,海面上漂浮着建于1942年的金属铁塔,好似赫伯特·乔治·威尔斯笔下《世界大战》(The War of the Worlds)中的外来入侵者,这些铁塔最初是抵御战机侵略的堡垒,保护泰晤士河流域免遭德国机群的攻击。

土木工程师盖伊·默恩塞尔(Guy Maunsell)是设计者,起初铁塔与铁塔之间由走廊相连,构成一个复杂迷宫,塔基深埋于海床之上,牢固异常。最初塔柱纤细脆弱,后来人们用填满钢筋混凝土的管网替代,保证塔身的安稳。整个海洋堡垒的设计都受到海上石油钻井平台的启发。

堡垒上曾经装满笔直的火炮与探照灯,现在,人们却难以登上它。现在的堡垒仿佛灯塔般为往来船只指引方向,海洋生物以它为屏障,在四周繁衍生息。

最开始一共有三座堡垒守卫着英格兰海岸线,现在只剩下两座:红砂(Red Sands)与战栗之砂(Shivering Sands),每座堡垒拥有6至7座铁塔。第三座堡垒诺尔(Nore)于20世纪50年代被往来船只撞毁。它的"水泥腿"被人们运上海岸,堆放在肯特郡的克利夫的海滩上,退潮时,人们可以望见它。

基济岛

基济岛位于俄罗斯奥涅加湖中心，是欧洲第二大岛屿，14世纪时它是重要的商路枢纽，但现在它的名气不在于商业地位。20世纪50年代岛上最后一批居民搬离，看上去基济岛变得破败不堪，但命运自有安排。

基济岛上的时光仿佛凝滞，众多建于中世纪的木屋作为历史遗迹保存至今，现如今这座岛屿变成了博物馆。木屋、风车、谷仓从20世纪50年代起便矗立在岛上，包括拥有22个穹顶的主显圣容教堂以及引人注目的塔楼。更令人惊叹的是，这些建筑没有使用一根钉子，一切都是木匠们精心设计的结果。

游客们在基济岛上被古老建筑环绕，瞬间仿佛穿越时空、回到从前。岛上博物馆中展示着大量画作与照片，游客能深入了解14世纪至今的俄罗斯人文风情。岛上野生动物众多，在这处世外桃源，外部世界的一切都烟消云散。

对于去俄罗斯旅行的游客，基济岛上的露天博物馆绝对不容错过。这座岛屿于1990年被联合国教科文组织列入世界遗产名录，每年都有无数世界各地游客来到这里。绝美自然风景加上精致文物，基济岛给予了人们回望过去的机会。

奥克尼意大利礼拜堂

意大利礼拜堂坐落在奥克尼群岛的小霍尔姆岛上,人们可以在这里宁静祷告,礼拜堂的华美建筑归功于技术精湛的工匠。

1939年,德国潜艇在斯卡帕湾击沉了一艘英国战舰,丘吉尔屏障(Churchill Barrier)由此形成。它的建造是为了增强斯卡帕湾的防御能力,使这里免受侵扰。一开始工程进展缓慢,直到超过500名战俘被押来此处参与建造,效率才有所提高。

岛上的意大利战俘期望能有一座礼拜堂,得到批准后,他们将两座半圆形活动营房改建成礼拜堂。凭借着奉献精神、辛勤工作和修建丘吉尔屏障的剩余材料,这些人巧妙地将营房造成了一座令人惊叹的小教堂。

战俘多梅尼科·基奥切蒂(Domenico Chiochetti)是艺术家。他负责装饰礼拜堂内部,巧妙地用砖拼贴出内墙、扶垛及拱形天花板,剩余用湿壁画及大块彩绘玻璃装饰。他的同伴煞费苦心地用混凝土将礼拜堂搭建成了带有钟楼的哥特式建筑。建筑材料物尽其用,工匠们清理干净了所到之处的所有垃圾,在他们手中,排气管变成圣洗池,废金属变成蜡烛台。

基奥切蒂全身心投入礼拜堂的建造,他被释放后依旧留在岛上完成工程,十年后他再次回来为礼

萨乌圣罗马教堂

萨乌水库蓄满水时，如果你恰好在，会看到水库中冒出一个尖顶，好似从水中冒出来晒太阳。那是圣罗马教堂，过去50年中的大部分时光它都沉在水中。日前，加泰罗尼亚地区频繁遭遇极端干旱，萨乌水库水位下降，圣罗马教堂从"水下坟墓"中探出头。

萨乌圣罗马小镇在西班牙加泰罗尼亚山谷中存在了超过1000年，20世纪60年代，小镇开始发展，一栋栋罗马建筑出现在苍穹下。加泰罗尼亚政府告知居民他们的家园有受洪水侵害的风险，人们因此建造了萨乌水库，他们收拾行囊（囊中之物甚至包括已故亲人的遗骸，之后安葬在他们此后定居的地方），留下故乡在身后。

萨乌圣罗马小镇不会被轻易忘记。水库水位上涨时，教堂淹没于水下。但无论水位涨到多高，教堂尖顶依然可以冒出水面，它仿佛在提醒人们，这里曾经存在着一座村庄。近期适逢干旱，整座教堂都暴露在阳光下，它的历史意义重大，人们开始下功夫保护它。

水库水位下降时，游客得以探索萨乌圣罗马小镇遗址，尽管教堂已经进不去。水库水位上升后，小镇再次消失，只有尖顶浮出水面，提醒人们这里曾经存在过的一切。

人骨教堂

在这里，生遇见死，人骨与人工建筑碰撞出最令人叹为观止的景观之一，毫无准备的游客会被眼前景象吓出冷汗。这就是人骨教堂。

人骨教堂即圣人之墓园教堂，这座低调的中世纪教堂坐落于捷克布拉格以东68千米处的库特纳霍拉小镇。教堂内是另一个世界，超过6万具人骨被当成装饰材料，密密麻麻地布置在教堂内墙上。

15世纪伊始，人骨被组装成盾徽、月桂花环，以及宽阔的拱门装点着教堂。人骨上甚至还粘连着墓地里的泥土，在教徒眼中，这是圣洁的、与上帝同在的地方，他们以葬在这里为荣，捷克各地的教徒都纷纷将这里视为自己的安息之地。

无数个世纪中，挖掘出土的人骨被丢弃一旁，直到1870年弗兰蒂泽克·林特（Frantisek Rint）来到此处。林特是眼光独到的木雕师。他用人骨将这座基督教堂装点得独一无二。

这处被列入联合国教科文组织世界文化遗产名录的奇迹中最重要的珍宝是由人骨组成的枝形吊灯。另外，林特用人骨在墙上拼出了他的签名。

达尔加夫斯神秘村庄

　　这个小村落是人们口中的"死亡之城",这处位于俄罗斯北部的墓地一共有99个"小房子"墓穴,数百人长眠于此。

　　达尔加夫斯是个神秘的地方,要抵达它,只能通过一条险象环生的山间小路。小路尽头是一片中世纪"小房子",里面住着枯骨。有的"小房子"有四层楼高,考古学家在其间挖掘出一些遗骸,测定年代至少为16世纪。

　　没人知道达尔加夫斯曾经的故事,当地传说这些"小房子"起初是奥塞梯人为那些不幸感染瘟疫的人建的"隔离室"。病人去世后,尸体就留在"小房子"里,时光飞逝,人们不断将尸骨放入其间。奇怪的是,有些尸体并未躺在墓穴中,而是出现在墓穴外的木船里,或许这些船是载着他们去往来世的工具。散落在大地上的水井给了悲痛不已的人们了解至亲至爱的机会。往水井里扔硬币,如果能听到硬币击落在井底的声音,预示着死者的灵魂已顺利进入天堂。

　　这座阴暗、遗世独立的"村庄"在今人眼里成为神话般的存在,当地甚至有种说法:"活人进去之后就永远出不来了。"

奇妙谷仓

坐落于爱尔兰东部基尔代尔郡的奇妙谷仓是建筑史上的奇迹。这座神秘的螺旋形建筑建于1743年，因独特的造型而声名远扬。这座石塔高度超过21米，塔身环绕94级台阶，它看起来更像中世纪的塔楼，而不是谷仓。

威廉·康诺利（William Conolly）在属于他的222公顷土地上建造了奇妙谷仓，康诺利是乔治时代初期爱尔兰下议院议员。谷仓两边分别建有小小的鸽舍，鸽舍通过一座屋舍与主塔相连，屋舍现在早已人去楼空。

对于谷仓最初的作用，人们众说纷纭，有人说这里最初是用来关鸟的，这样的想法很妙。然而事实上，它从一开始就是谷仓，1740年至1741年爱尔兰遭遇饥荒后，这里就成了爱尔兰的谷仓。谷仓中每一层楼都有一个用来传递粮食的洞，就是证据。谷仓独特的形状成为这里的地标。在爱尔兰，还有一处与它类似的建筑，那就是位于都柏林的水瓶塔（Bottle Tower），人们认为它是奇妙谷仓的"山寨版"。

莱特利普酋长纪念碑

如果去都柏林旅行,千万不要错过莱特利普酋长纪念碑,也不要错过这个从来不违反承诺的男人。

他是怀安多特族(Wyandot)首领,因为诚信、正直而备受尊敬。19世纪,他与白人签了一份备受争议的条约,条约规定他永远不与白人刀尖相对,他们会试着和平共处。后来无论发生什么,他都没有违背誓言,他的这份诚信最终伤害到他与美洲土著的关系。他的本名叫"Shateyahronya",意思是"无尽的蓝",因为他信守诺言,白人称他莱特利普酋长。

他签下的条约最终葬送了他的性命,1810年,他被本族人造谣会神秘巫术。最终,他被斩首。

莱特利普酋长纪念碑是一座依照他的模样雕刻的、高3.6米的石灰岩半身像,设计者是拉尔夫·赫尔米克(Ralph Helmick)。它完工于1990年,好似从地里冒出来的一样。不同于其他纪念碑,游客可以顺着石灰岩爬上去,站在雕像顶部,欣赏眼前秀丽的赛欧托公园与河流美景,站在他的肩上,看看他曾经待过的地方,思考他的人生。

图片所属

4、5页	© Alamy Getty Shutterstock Thinkstock Wikimedia Commons
6、7页	© Alamy Getty Shutterstock Rex Features
18、21页	© Shutterstock, Alamy, Getty, Look & Learn, Flickr - Jim Champion, Ann Wuyts, Stonehenge Stone Circle, yuka HAYASHIm Lets go out Bournemouth and Poole
31页	© Alamy Getty Thinkstock Photoshot
36、38、39页	© Alamy, Getty, Thinkstock, Giulia Lombardo, Bernard Gagnon, David Bjorgen, Saturn83, Clem23
50、51页	© Shutterstock Thinkstock Alamy John Man
58—63页	© Getty, Shutterstock, Alamy, Oxford University Press
75—77页	© Getty Thinkstock Mary Evans Alamy CE Photo Uwe Aranas
84—86、90页	©Alamy, Getty, Look and Learn, Rex, Shutterstock, Thinkstock
102—105页	© Alamy Getty
123、125页	© Getty, DK Images, Shutterstock, Flickr, Colin Howley, Edgar, Ken, Peter Schinkel, Forsaken Fotos
128、129页	© Alamy Getty
150—153页	© Getty Shutterstock Flickr rivigan Dnalor
160—163页	© Alamy, Rex Features
171—175页	© Getty Alamy Rex Wolfgang Moroder JFKlibrary Earnest Hemmingway Collection
176、177页	©Alamy Getty Shutterstock Thinkstocks
178页	© Fuzzypiggy
180页	© tterstock
182页	© Getty Thinkstock
184页	© Alamy Bryn Mawr College
186页	© Honor Frost Foundation
188、189页	© Shutterstock Thinkstock
190页	© Alamy
191页	© MatthiasKabel
192页	© Thinkstock
195页	© Shutterstock
197页	© Alamy